Sumário

ALMANAQUE DO PENSAMENTO 2026 – 114ª ANO
ASTROLÓGICO E LITERÁRIO
Propriedade da EDITORA PENSAMENTO-CULTRIX LTDA.
Rua Dr. Mário Vicente, 368 – São Paulo, SP – CEP 04270-000 – Fone: (11) 2066-9000
www.editorapensamento.com.br – E-mail: atendimento@grupopensamento.com.br
CNPJ 61.153.532/0001-53 – Insc. 101.068.259.118

Direção Editorial
Ricardo Riedel

Departamento Editorial
Adilson S. Ramachandra
Indiara Faria Kayo
Roseli de Souza Ferraz

Astrologia/Astronomia
Tereza Kawall
Verbenna Yin
Zilda Hutchinson S. Silva

Capa
Suzana Riedel Dereti

Colaborador desta edição
André Mantovanni

Editoração
Join Bureau

Impressão
Melting Gráfica

Previsões Astrológicas por Signo em 2026

Até a edição de 2015, optamos por usar o cálculo das lunações, que é feito no dia da Lua Nova, quando o Sol e a Lua se encontram no mesmo grau de um mesmo signo. A lunação permite uma visão mais geral do mês, que é justamente um ciclo mensal inteiro da relação entre o Sol e a Lua. A partir de 2016, contudo, optamos por fazer as previsões mensais divididas em ciclos de dez em dez dias, o que também permite uma orientação mais detalhada.

Em trinta dias há toda uma movimentação planetária, em especial dos planetas mais rápidos, que será levada em conta para facilitar a compreensão do leitor. Em resumo, as duas técnicas de interpretação, trânsitos e lunações, estão sendo analisadas em paralelo, mas a forma de apresentação ficará diferente. Vale salientar que essas previsões são de caráter genérico e que informações de âmbito individual exigem a elaboração de um horóscopo personalizado.

Esse fato faz com que as interpretações aqui expostas e as do *Guia Astral* por vezes pareçam contraditórias entre si; no entanto, elas são complementares.

ÁRIES — **21 de março – 20 de abril**

EU QUERO — PLANETA REGENTE: Marte

ELEMENTO: Fogo — QUALIDADE: Cardinal

PEDRAS DE PROTEÇÃO: Cornalina e ágata de fogo

De 1º a 10 de janeiro: Sol, Vênus e Marte estão juntos em Capricórnio na Casa X, trazendo intensidade para sua vida social, com alegrias e reencontros significativos. Momento oportuno também para ter iniciativas que dinamizem a vida profissional.

De 11 a 20 de janeiro: Júpiter e Sol encontram-se em oposição, podendo expressar conflitos de interesses entre a vida doméstica e o trabalho. Com discernimento e objetividade, tudo vai se organizar da maneira mais adequada a todos. Saturno e Urano trazem oportunidades no setor financeiro.

De 21 a 31 de janeiro: Marte e Plutão estão na casa dos amigos e dos planos para o futuro, e podem indicar possibilidades de inovação no campo das ideias por intermédio de novos contatos. É hora de pensar grande, pois a ousadia nunca fez mal a ninguém.

De 1º a 10 de fevereiro: Mercúrio e Urano estão em ângulo de tensão, sinalizando que é a hora certa de conter despesas imediatistas. Também é aconselhável se prevenir, ficando mais atento aos aparelhos eletrônicos; faça uma cópia dos documentos mais importantes.

De 11 a 20 de fevereiro: Agora Júpiter se harmoniza com Mercúrio, propiciando um ciclo satisfatório para viagens e rápidas negociações, com boas notícias relacionadas ao trabalho. A Lua Nova acontece na casa dos amigos, portanto, não se aborreça caso alguém se afaste de você.

De 21 a 28 de fevereiro: Nesta fase há uma tendência a estados de espírito contraditórios. Marte e Urano sinalizam momentos de ansiedade em relação ao futuro. Porém, Vênus e Júpiter vão pacificar essa inquietação; dê preferência aos familiares, que lhe darão proteção e segurança.

De 1º a 10 de março: Este período traz a promessa de crescimento e expansão em sua vida familiar. Bom para acordos jurídicos relacionados a bens imóveis ou assuntos que envolvam seus antepassados. Fé e harmonia são a pedida deste momento; aproveite!

De 11 a 20 de março: Não deixe de investir em conhecimentos da área de tecnologia, pois é nela que mora o futuro. As mudanças continuarão chegando, e isso deve reverberar em seus estudos e trabalho. Agora você já pode aliar intuição e criatividade a pragmatismo.

De 21 a 31 de março: Sol e Netuno juntos em Áries sinalizam êxito em terapias alternativas como *reiki*, acupuntura e cromoterapia, que dinamizarão seu corpo e sua saúde. Invista mais no autoconhecimento, desenvolvendo habilidades e talentos, e acreditando em seu poder pessoal.

De 1º a 10 de abril: Saturno em Áries faz sextil com Plutão, favorecendo transformações positivas em sua visão de mundo, baseadas não só no autoconhecimento, mas também em disciplina e perseverança. É hora de fazer escolhas e parar de procrastinar.

De 11 a 20 de abril: Neste período haverá um sextil positivo entre Plutão e Marte, seu regente solar. Assim, pode-se dizer que seu processo de crescimento continua intenso e sua energia está direcionada para coisas mais significativas. Não despreze as sincronicidades do cotidiano.

De 21 a 30 de abril: Ainda que o mundo externo mostre resistência as suas decisões, mantenha-se firme em suas convicções. As dificuldades que surgirem fortalecerão seu espírito ariano, sempre ávido por novos desafios e novidades. Siga em frente.

De 1º a 10 de maio: Exercite o autocontrole para não se deixar abater por opiniões polêmicas ou agressivas; não levar as coisas para o lado pessoal será sinal de inteligência emocional. Bom período para o aconselhamento com pessoas mais experientes.

De 11 a 20 de maio: O reconhecimento que esperava pelo seu esforço já está aparecendo, e isso vai revigorar seu otimismo e determinação. Ótimo para enriquecer o repertório intelectual, participar de grupos e seminários, dar um *upgrade* em seus conhecimentos.

De 21 a 31 de maio: O desafio no momento é continuar sua caminhada evolutiva, o que inclui espírito e corpo, ou seja, ter mais tempo para cuidar da saúde. Faça mais exercícios e mantenha uma alimentação leve para ter mais energia. Seu corpo vai agradecer.

De 1º a 10 de junho: Júpiter junto a Vênus sinaliza uma boa fase no convívio familiar; nada como a sensação de proteção ou o apoio dos entes queridos. Pessoas mais velhas e experientes poderão ajudá-lo em projetos de longo prazo; reserve tempo para obter esses bons conselhos.

De 11 a 20 de junho: Urano e Vênus em sextil propiciam movimentação na vida social e amorosa. Não espere por convites; tome a iniciativa se pretende conquistar alguém. O melhor será não exagerar nas exigências, pois príncipes e princesas só existem em contos de fada!

De 21 a 30 de junho: Saturno faz trígono com Vênus no céu, sendo benéfico para a vida social, amorosa e cultural. Visite exposições, ouça boa música e aprecie o belo. Será importante evitar excessos com alimentação e bebidas.

De 1º a 10 de julho: O planeta Marte está fazendo aspectos com os planetas geracionais Urano, Netuno e Plutão. Assim, você deverá ficar muito energizado e destemido, apto a tomar decisões importantes. Período para investir em atividades físicas.

De 11 a 20 de julho: Júpiter adentra o signo de Leão, beneficiando assim os arianos em geral. Você deve ganhar confiança, otimismo e resiliência no seu dia a dia, e poderá descobrir novos talentos criativos. Aproveite bem este ciclo!

De 21 a 31 de julho: Decepções de natureza afetiva podem deixá-lo frustrado e desanimado. Veja tudo como um aprendizado, deixando de lado as exigências, pois pessoas perfeitas não existem. É hora de superar isso e acreditar no amor!

De 1º a 10 de agosto: Pode haver ainda certo ressentimento em seu coração, mas o antídoto para essa situação é o tempo. Com mais distanciamento, tudo se tornará claro, e você se sentirá fortalecido. Ótimo ciclo para o reencontro com pessoas do seu passado.

De 11 a 20 de agosto: Mercúrio em Leão recebe bons aspectos no céu planetário. Essa posição trará mais interação social, além de chances de crescer intelectualmente. Excelente momento para viajar, estudar e, sobretudo, ter metas que promovam seu êxito ao longo do tempo.

De 21 a 31 de agosto: Agora o panteão celeste está pedindo a você que economize sua energia vital, descanse e evite assumir mais compromissos. Continue dando mais atenção a sua saúde, melhore a alimentação, tome sol e faça caminhadas.

De 1º a 10 de setembro: Nada como um dia após o outro. Já mais fortalecido, você pode retomar suas atividades com mais confiança. Júpiter em trígono com Marte, seu regente solar, é positivo para o avanço em estudos espirituais, filosóficos e humanitários.

De 11 a 20 de setembro: Não dê permissão para ressentimentos do passado moldarem o seu aqui e agora; o que ficou para trás deve ocupar outro espaço. Vá em frente, sem olhar demais para o espelho retrovisor; o futuro é logo ali!

De 21 a 30 de setembro: Sol em trígono com Urano em Gêmeos vai movimentar muito sua vida social, atraindo novos amigos. Preste mais atenção à sua intuição e às sincronicidades, que lhe mostrarão caminhos mais acertados.

De 1º a 10 de outubro: Este pode ser um período em que alguns eventos ocorrerão independentemente de sua vontade. Não julgue ninguém e evite procurar culpados por estar contrariado. Procure refúgio em pessoas de sua confiança e se tranquilize, pois tudo será superado.

De 11 a 20 de outubro: Período de mais confiança e autoestima. Sol e Saturno evidenciam atitudes maduras e perseverantes, por meio das quais você poderá assumir novas responsabilidades. O reencontro com pessoas do passado poderá ser bem gratificante.

De 21 a 31 de outubro: Agora é aconselhável evitar investimentos financeiros arriscados ou fazer gastos por impulso, pois a conta chegará. Não é hora de se preocupar com aquilo que não deu certo. É hora de ser mais tolerante e diplomático.

De 1º a 10 de novembro: O mês tem início com Júpiter em Leão em sextil com Vênus em Libra, propiciando uma fase de expansão na vida social. Desfrute da companhia de bons amigos, faça parcerias criativas, celebre a vida. Ótimo ciclo para viajar e investir em sua saúde.

De 11 a 20 de novembro: Vênus e Marte atuam positivamente em sua vida amorosa, com mais equilíbrio entre o dar e receber na vida a dois. Júpiter favorece iniciativas acertadas no ambiente de trabalho. Aceite elogios e não desperdice convites para sair.

De 21 a 30 de novembro: As dádivas do ciclo harmonioso com Vênus e Júpiter permanecem; dedique mais tempo ao lazer, aos passeios e ao namoro. Urano e Sol em oposição podem significar dificuldades na comunicação e na convivência com vizinhos ou irmãos.

De 1º a 10 de dezembro: Há no céu um ângulo positivo entre Urano em Gêmeos e Plutão em Aquário que promete mudanças em sua visão de mundo, além de novos valores éticos e humanitários. Sua mente estará aberta para fazer novas amizades.

De 11 a 20 de dezembro: Neste período há um trígono entre Sol em Sagitário e Júpiter em Leão; fortes aspirações intelectuais e filosóficas movimentam sua vida. Aproveite para se aprofundar em assuntos de seu interesse. Bom momento para a solução de processos de natureza jurídica.

De 21 a 31 de dezembro: Neste momento será necessária muita cautela em relação a informações e palavras equivocadas, que poderão gerar mal-entendidos. Evite assumir responsabilidades demais e fazer viagens desnecessárias. Priorize terminar aquilo que já iniciou.

TOURO — **21 de abril – 20 de maio**
EU TENHO — PLANETA REGENTE: Vênus
ELEMENTO: Terra — QUALIDADE: Fixo
PEDRAS DE PROTEÇÃO: Turmalina verde e aventurina

De 1º a 10 de janeiro: Sol e Vênus, seu regente natal, ocupam o signo de Capricórnio neste ciclo. Momento muito favorável para fazer viagens longas e conhecer outras culturas. Poderá ter surpresas na vida amorosa; não recuse convites para sair e se divertir, a hora é agora.

De 11 a 20 de janeiro: Júpiter em Câncer nestes dias fará oposição a Mercúrio e ao Sol, e essa configuração pode se manifestar como uma sensação de não ter sido reconhecido pelo seu esforço. Evite guardar ressentimentos; paute-se pela própria avaliação.

De 21 a 31 de janeiro: Muitos planetas transitam no signo de Aquário nestes dias. Aproveite para colocar intenções mais assertivas naquilo que pretende alcançar em sua vida profissional. Acredite também em seu potencial, que está por se manifestar.

De 1º a 10 de fevereiro: Caso surjam imprevistos com aparelhos eletrônicos, como *tablets*, celular etc., não se irrite além da conta; tudo será resolvido a seu tempo. Alguns conflitos inesperados na vida amorosa podem deixá-lo frustrado; por isso mesmo fuja de discussões muito acirradas ou inúteis.

De 11 a 20 de fevereiro: Júpiter e Mercúrio formam um ângulo positivo, podendo criar mais fluência em sua comunicação. É um bom ciclo para aprender, investir em conhecimentos, divulgar e vender seu trabalho nas redes sociais. Haverá oportunidades para rápidas negociações.

De 21 a 28 de fevereiro: A casa dos amigos e dos planos para o futuro está mais movimentada. Seus interesses podem estar voltados para ações humanitárias. Vênus em Peixes também é propícia para programações artísticas, como *shows* musicais ou visuais.

De 1º a 10 de março: A vida social segue promissora para expandir sua criatividade e interação social, assim como em relação a temas ligados a comunicação, contatos e *networking*. Você terá mais apoio para fazer negócios; possíveis parcerias serão bem-vindas e podem frutificar no curto prazo.

De 11 a 20 de março: Contratempos ou divergências de opinião com familiares ou irmãos podem deixá-lo decepcionado. Se precisar, reveja seus pontos de vista e valores. Em certos momentos, saber recuar e esperar é sinônimo de inteligência emocional.

De 21 a 31 de março: Mercúrio volta ao seu movimento direto, destravando impedimentos ou atrasos em seus planos. Plutão recebe bons aspectos de Sol e Saturno, o que deve reverberar positivamente em suas habilidades pragmáticas e realistas. Bom momento para avançar em projetos de longo prazo.

De 1º a 10 de abril: Neste período haverá ênfase em planetas que ocupam signos de Ar e Fogo no céu. Desta feita, o ciclo é oportuno para uma postura mais empreendedora, afirmativa e otimista em relação à vida em geral. Boas notícias estão por chegar; continue confiante.

De 11 a 20 de abril: Este período é propício às parcerias produtivas, que tenderão a trazer bons resultados. Mercúrio e Urano deixam sua mente mais ágil e receptiva para aprender e compartilhar conhecimentos. Participe de *lives* e grupos de estudo, ampliando seus recursos e talentos.

De 21 a 30 de abril: Saturno, Mercúrio e Marte estão em Áries, mostrando muita energia vital concentrada que deve trazer bons resultados. Vênus e Plutão confirmam mais eficiência em ações que exijam originalidade, mas também praticidade. Use a tecnologia a seu favor.

De 1º a 10 de maio: Neste momento, todo cuidado é pouco com palavras inflamadas ou a sensação de injustiça por falta de reconhecimento. É mais aconselhável não levar tudo para o lado pessoal, tendo em vista que não poderá terminar seus projetos sozinho. Tente a via da estratégia.

De 11 a 20 de maio: O planeta Mercúrio está bem ativado nestes dias e já entrando em Gêmeos. Otimize este ciclo investindo em conhecimentos de tecnologia, divulgando mais suas ideias ou iniciando um curso de línguas. Sua presença de espírito e boa energia contagiarão a todos.

De 21 a 31 de maio: Caso surjam atrasos na entrega de seus compromissos, reorganize os horários de forma a não se sobrecarregar demais. O melhor é ter jogo de cintura para contornar desafios, sem ficar procurando culpados; faça a parte que lhe cabe com determinação.

De 1º a 10 de junho: Netuno e Mercúrio encontram-se em ângulo de tensão, o que pode deixá-lo vulnerável e suscetível em termos psíquicos. Não acredite em tudo o que ouve ou vê, e, sobretudo, saiba manter distância de informações negativas. Bom senso é a pedida deste momento.

De 11 a 20 de junho: Vênus está agora em Leão, atuando no setor familiar ou doméstico de modo positivo. Bom ciclo para receber em sua casa, comemorar ou celebrar a vida. Cuide mais da saúde com alimentação e bebidas nutritivas, que desintoxicarão seu organismo.

De 21 a 30 de junho: Saturno e Vênus estão em harmonia no céu, o que favorece bastante o contato com pessoas mais experientes e que poderão lhe dar bons conselhos. É importante não desistir daquilo que já assumiu. Sol e Netuno sinalizam a necessidade de evitar a automedicação.

De 1º a 10 de julho: Marte faz bons aspectos com Urano e Plutão no céu, sinalizando um ciclo auspicioso para tudo o que quiser inovar em seu trabalho. No entanto, Sol e Saturno em tensão mostram a necessidade de paciência e resiliência no caso de atrasos no cumprimento de seus compromissos.

De 11 a 20 de julho: Se for viajar, procure ficar bem atento ao que foi prometido ou combinado, pois Mercúrio retrógrado exige mais atenção a detalhes que, por vezes, passam despercebidos. O contato com o elemento Água será muito benéfico neste momento; aproveite!

De 21 a 31 de julho: No final deste mês haverá uma conjunção de Sol e Júpiter em Leão que poderá trazer crescimento ou expansão no âmbito familiar. Mais prosperidade e alegria estão a caminho. Bom período para tratar de bens imóveis; cuide bem daquilo que é seu por merecimento.

De 1º a 10 de agosto: Netuno e Vênus em oposição sugerem uma pausa para que você possa cuidar melhor da saúde, tomando mais líquidos e fugindo de alimentos processados e carboidratos. Tome remédios apenas com prescrição médica; descanse mais e cultive a paciência.

De 11 a 20 de agosto: Mercúrio em Leão e Vênus em Libra fazem bom ângulo e sinalizam mais prazer e alegria na interação social. Vênus também faz sextil com Júpiter, estimulando as atividades culturais e artísticas, tudo o que é bom para a alma. Saia mais e divirta-se.

De 21 a 31 de agosto: Ainda que os estímulos externos sejam tentadores, evite fazer gastos por impulso com coisas que vão decepcioná-lo depois. Sua saúde ainda pede alguns cuidados; procure fazer mais exercícios e providencie uma alimentação mais nutritiva.

De 1º a 10 de setembro: O mês tem início com Júpiter em trígono com Saturno em Leão e Áries, respectivamente. Você poderá receber informações ou encaminhar positivamente assuntos de jurisprudência relacionados ao patrimônio familiar. Aja com a orientação de um profissional.

De 11 a 20 de setembro: Sol em Virgem faz sextil com Marte em Câncer, favorecendo atitudes mais assertivas para que assim você planeje melhor sua vida familiar. Bom momento para parcerias com pessoas do sexo masculino, irmãos, primos ou vizinhos com os quais tenha mais afinidade.

De 21 a 30 de setembro: O Sol em Libra fará dois trígonos importantes, com Plutão e Urano ao mesmo tempo; isso deve significar dinamização em sua rotina ou no trabalho. Pense grande, use a criatividade, e não resista às mudanças que surgirem, pois elas vão impulsionar seu desenvolvimento. Ótimo ciclo para o contato com pessoas talentosas.

De 1º a 10 de outubro: O mês como um todo tem bastante. Caberá a você agir com discernimento e calma em situações inesperadas ou perante atitudes inconscientes dos outros que poderão prejudicá-lo. Previna-se quando for manusear instrumentos cortantes ou inflamáveis.

De 11 a 20 de outubro: A vida amorosa pode estar passando por conflitos; há carência de entendimento e tolerância. Com diplomacia, você conseguirá o que deseja, mas não com discussões. Marte e Saturno indicam eficiência e bons resultados, além do reconhecimento profissional.

De 21 a 31 de outubro: Neste período continua a demanda por paciência de sua parte, com o aspecto difícil entre Mercúrio e Marte, o que gera irritabilidade. Se possível, evite confrontos verbais. Faça caminhadas ou uma massagem para aliviar o estresse cotidiano. Respire!

De 1º a 10 de novembro: O sextil entre Júpiter e Vênus propicia dias de bem-estar, tranquilidade e boa vontade nas relações em geral. Os assuntos domésticos fluirão com mais harmonia, as notícias serão mais alegres, e a comunicação acontecerá com facilidade também na vida amorosa.

De 11 a 20 de novembro: Mercúrio em Escorpião e Vênus em Libra voltam ao movimento direto, dinamizando a vida social, as atividades em grupo e a tomada de boas decisões em seu trabalho. Marte e Júpiter ampliam seu otimismo e a fé na vida, contagiando aqueles que você ama.

De 21 a 30 de novembro: A Lua ficará cheia nestes dias, ativando o forte trígono entre Plutão e Urano no céu. Mantenha o espírito receptivo para obter informações que ampliem sua visão de mundo, capacitando-o para outras formas de agir, bem mais livres e desapegadas.

De 1º a 10 de dezembro: Urano continua em trígono com Plutão, estimulando seus interesses profissionais e, em especial, os recursos da área tecnológica. Mercúrio e Netuno em ângulo positivo vão deixá-lo mais idealista e criativo; aproveite bem suas inspirações!

De 11 a 20 de dezembro: Saturno e Mercúrio em trígono transitando em signos de Fogo favorecem mais maturidade e sabedoria para tomar decisões, agora sustentadas por experiências anteriores. Momento oportuno para organizar sua vida financeira ou reformar sua moradia.

De 21 a 31 de dezembro: Este final de ano deverá ser celebrado com reservas, pois não é um bom momento para gastos exagerados. Caso o que estava combinado não aconteça, o melhor é diminuir as expectativas, sabendo que tudo é passageiro.

GÊMEOS — **21 de maio – 20 de junho**

EU QUESTIONO — PLANETA REGENTE: Mercúrio

ELEMENTO: Ar — QUALIDADE: Mutável

PEDRAS DE PROTEÇÃO: Ágata e sodalita

De 1º a 10 de janeiro: Neste ciclo, Sol, Vênus e Marte estão juntos em Capricórnio. Você poderá ter mais motivação para iniciativas assertivas ou corajosas, para criar planos para o futuro. O momento também é favorável para ampliar horizontes existenciais ou humanitários.

De 11 a 20 de janeiro: Nestes dias, Urano e Saturno recebem aspectos positivos do Sol, que está lhe propiciando um período de mais consciência a respeito de si mesmo com relação a talentos que você vem descobrindo na área de trabalho. Não procrastine decisões importantes; tenha mais clareza daquilo que pretende realizar.

De 21 a 31 de janeiro: Um forte *stellium*, vale dizer: várias estrelas juntas no céu, em Aquário poderá fortalecer seus conhecimentos na área espiritual, favorecendo também o contato com outras culturas, viagens que estimulem o seu autoconhecimento.

De 1º a 10 de fevereiro: Neste mês, o planeta Urano fará ângulos de tensão, o que significa ter de conviver com imprevistos em seu cotidiano. Algumas mudanças precisam ser feitas, e elas têm como meta tirá-lo da zona de conforto e promover seu amadurecimento.

De 11 a 20 de fevereiro: Com ângulos favoráveis de Mercúrio e Júpiter, o ciclo é propício para boas soluções em sua vida financeira; busque orientação se achar necessário. Sua mente está receptiva aos estudos.

De 20 a 28 de fevereiro: Vênus em Peixes faz um trígono com Júpiter em Câncer, indicando uma fase de mais prazer e alegria na companhia de pessoas queridas ou mesmo parcerias momentâneas que possam trazer resultados financeiros.

De 1º a 10 de março: Neste momento há um ciclo harmonioso de Júpiter com outros planetas, sinalizando uma fase de mais otimismo em relação à vida. Ótimo para fazer bons negócios, interagir nas redes sociais, fazer novos amigos ou ter contato com pessoas inteligentes e generosas.

De 11 a 20 de março: Podem surgir contrariedades em sua vida amorosa; pense duas vezes antes de revidar sua frustração. Não coloque lente de aumento naquilo que o aborreceu, e tudo se resolverá com o tempo. Continue firme em seus propósitos!

De 21 a 31 de março: Sol e Saturno fazem um sextil com Plutão no céu, favorecendo seu empenho e dedicação ao trabalho. Exercite mais sua habilidade de adaptação às novidades, compartilhando seus conhecimentos com todos. O reconhecimento chegará na hora certa.

De 1º a 10 de abril: Saturno em Áries e Plutão em Aquário sinalizam a capacidade de planejamento e de ajustar metas para poder crescer em todos os sentidos. Lembre-se de que todo êxito demanda organização, perseverança e disciplina. Obstáculos sempre aparecem!

De 11 a 20 de abril: Mercúrio em conjunção a Netuno e em sextil com Urano propicia um ciclo oportuno para o desenvolvimento de sua sensibilidade psíquica, a fim de conhecer a si mesmo; busque estar em contato com pessoas que possam auxiliá-lo nesse sentido. Sua intuição está mais aguçada, não a ignore.

De 21 a 30 de abril: A presença de muitos planetas em signos de Fogo torna esse período proveitoso para iniciativas acertadas, decisões que tenham positividade e discernimento. Não procrastine seus compromissos; mentalize o que está precisando para ter uma vida mais feliz.

De 1º a 10 de maio: Neste período há certa tendência ao uso de palavras ríspidas, que poderão ferir seu próximo. Evite a intolerância e reações infantis quando for contrariado. O melhor será refinar seus argumentos sem levar opiniões divergentes para o lado pessoal.

De 11 a 20 de maio: O período agora é auspicioso para a comunicação em geral, que vai fluir com naturalidade e discernimento. Dias positivos para tratar de assuntos jurídicos e obter bons resultados. Divulgue suas ideias nas redes; o mercado digital aponta para o futuro.

De 21 a 31 de maio: Este momento tem características antagônicas: de um lado, há a tendência a decepções e fofocas no trabalho; do outro, a capacidade de transformar esses eventos em algo positivo, ou seja, fazer do limão uma limonada!

De 1º a 10 de junho: Momento favorável para assumir responsabilidades maiores e levá-las até o fim. Júpiter e Vênus em Câncer trazem alegrias no convívio familiar e na vida amorosa. Não rejeite oportunidades e convites para sair, namorar e se divertir.

De 11 a 20 de junho: Vênus em Leão faz sextil com Urano em Gêmeos e trígono com Netuno em Áries. O ciclo é promissor para a vida social, desfrutar de atividades culturais, ter prazer em ver coisas belas e inspiradoras. Saturno em bom ângulo promove encontros com pessoas do seu passado, com quem você guardará boas lembranças.

De 21 a 30 de junho: O céu apresenta um sextil entre Netuno e Plutão, facilitando o contato com pessoas espiritualizadas que trarão ensinamentos valiosos para o seu autoconhecimento. Esteja receptivo às sincronicidades e aos seus sonhos noturnos, que lhe trarão mensagens importantes.

De 1º a 10 de julho: Marte em conjunção a Urano em Gêmeos na sua Casa I faz ângulos favoráveis com Netuno e Plutão. Esses aspectos certamente trarão um ciclo dinâmico a sua vida, na qual há agora um despertar de sua consciência espiritual em direção a caminhos interessantes de sua existência.

De 11 a 20 de julho: Vênus na quarta casa encontra-se pressionada por Marte em Gêmeos, e isso deve deixar mais complicada a vida sentimental; com muitos conflitos de interesse. Evite decisões precipitadas e não exija tanta perfeição. Avalie a importância desse relacionamento.

De 21 a 31 de julho: O Sol se encontra com Júpiter no signo de Leão, fazendo trígono com Netuno e oposição a Plutão em Aquário. Este ciclo demandará muitos cuidados com negócios apressados ou investimentos financeiros. Aja com prudência, sem se deixar levar por boatos.

De 1º a 10 de agosto: Netuno em Áries faz trígono com Mercúrio em Leão, que ocupa sua terceira casa. Isso poderá colocar em perspectiva suas metas profissionais, e você as visualizará com mais clareza que antes. Bom momento para um encontro com familiares.

De 11 a 20 de agosto: Aprenda mais sobre novas tecnologias e IA, pois esses conhecimentos podem habilitá-lo a avançar em sua carreira. Vênus em sextil com Mercúrio e Júpiter está em harmonia com Urano, o que é estimulante para mudanças em seus projetos de vida.

De 21 a 31 de agosto: Nesta fase, Urano em Gêmeos está pressionado por Mercúrio e pelo Sol, que entraram em Virgem. Os eventos externos seguem acelerados, porém sua rotina está sujeita a imprevistos por causa deles. Tente se adaptar, mas não desista daquilo que já está em andamento.

De 1º a 10 de setembro: Marte e Saturno em ângulo difícil sugerem obstáculos nos negócios. No entanto, o trígono entre Júpiter e Saturno trará equilíbrio e bom senso para assumir novas responsabilidades de longo prazo com êxito e sabedoria. Persevere sempre!

De 11 a 20 de setembro: Momento auspicioso, com Mercúrio e Plutão em harmonia e o Sol na quinta casa, possibilitando-lhe fazer viagens de longa distância e ter contato com outras culturas. Sua criatividade pode estar concentrada no trabalho, e talvez você vivencie transformações surpreendentes.

De 21 a 30 de setembro: Com essa posição positiva entre Sol e Plutão, sua expressão criativa continua intensificada, assim como o amor pelas manifestações artísticas. Seu processo evolutivo está em fase ascendente, e as mudanças são bem-vindas. Esteja receptivo às sincronicidades.

De 1º a 10 de outubro: Este ciclo pode ser marcado por desafios que vão demandar muitas estratégias para serem contornados. Atrasos ou ações que independem de sua vontade podem surgir. Tenha mais cuidado ao dirigir e evite ações impulsivas.

De 11 a 20 de outubro: A vida sentimental não caminha como você gostaria, deixando-o contrariado. Procure pessoas que tenham qualificação para ajudá-lo, evitando assim colocar uma lente de aumento nas dificuldades. Ao final, tudo é aprendizado e será superado!

De 21 a 31 de outubro: Agora será bem importante olhar para sua saúde com mais atenção, fazendo os exames anuais ou preventivos. O estresse desse período e emoções conflitantes podem gerar sintomas de ordem psicossomática. Desligue o celular para relaxar!

De 1º a 10 de novembro: Neste início de mês, Vênus faz sextil com Júpiter e Marte, sugerindo mais harmonia e cumplicidade na vida amorosa. Boas notícias no ambiente de trabalho; compartilhe suas experiências com os colegas. Ótimo momento para viagens de lazer ou negócios.

De 11 a 20 de novembro: É possível que as demandas de trabalho sejam maiores e mais estressantes. Procure ter mais tempo livre para descansar e relaxar. Acordos jurídicos devem ser evitados, e negócios de compra e venda, adiados.

De 21 a 30 de novembro: A Lua Cheia acontecerá em Gêmeos, reforçando o trígono que há entre Urano e Plutão no céu. Os resultados de seus esforços serão vistos e reconhecidos. Júpiter e Vênus trazem a promessa de um *upgrade* na vida social e sentimental; aproveite este bom momento!

De 1º a 10 de dezembro: Plutão e Urano em ângulo positivo fortalecem o trígono entre Sol em Sagitário e Saturno em Áries, dinamizando sua casa dos amigos, dos projetos para o amanhã. Você terá a oportunidade de descobrir talentos ainda desconhecidos, que lhe darão mais poder e vitalidade.

De 11 a 20 de dezembro: Júpiter em Leão e Sol em Sagitário indicam outro ciclo de expansão em seus projetos que tende a ser bem produtivo. Assuntos relativos a jurisprudência tendem a ter bons resultados. Seu otimismo segue forte e contagia todos que estão ao seu lado.

De 21 a 31 de dezembro: Este final de ano apresenta configurações planetárias conflitantes. O mais aconselhável é não ter grandes expectativas quanto à passagem do ano; algum plano pode sofrer alterações. O melhor é se adaptar ao que for possível e ficar ao lado de pessoas queridas.

CÂNCER — **21 de junho – 21 de julho**

EU SINTO — PLANETA REGENTE: Lua

ELEMENTO: Água — QUALIDADE: Cardinal

PEDRAS DE PROTEÇÃO: Pedra da lua e selenita

De 1º a 10 de janeiro: O setor de parcerias e associações está bem movimentado esses dias com o Sol em conjunção a Marte em Capricórnio no céu. Tempo auspicioso para decisões direcionadas aos seus interesses. Pense bem aonde deseja chegar e mãos à obra.

De 11 a 20 de janeiro: Ao comunicar seus planos futuros, você poderá encontrar resistência por parte das pessoas. Não desanime, mantendo-se perseverante na escolha já feita. Sua bússola interna é que deve direcionar seus passos, e os frutos vão provar que estava certo.

De 21 a 31 de janeiro: O Sol está em conjunção a Plutão e em seguida fará sextil com Netuno, que acabou de entrar em Áries. Não bastasse isso, um forte *stellium* em Aquário sinaliza um período intenso para ações nas quais sua intuição está lhe dizendo para confiar; siga adiante!

De 1º a 10 de fevereiro: Vênus em Aquário em tensão com Urano em Touro estão em desarmonia no céu, ambos em signos fixos. Assim tente evitar que o ciúmes ou a desconfiança prevaleçam em seu coração. A exposição excessiva em redes sociais não vai agregar nada de importante em sua vida. Fique atento.

De 11 a 20 de fevereiro: Júpiter e Mercúrio estão em harmonia, prometendo um bom ciclo para viajar, estudar e ampliar seu repertório intelectual. Excelente momento para criar novos projetos relacionados ao seu trabalho ou estudos, que serão produtivos agora e no futuro.

De 21 a 28 de fevereiro: O ciclo favorável para viagens continua promissor, e a vida social, idem. Caso encontre alguém especial, não fique se escondendo – manifeste seus sentimentos! Vênus e Júpiter sempre abrem as portas do coração para as flechadas!

De 1º a 10 de março: O planeta Júpiter está em Câncer, ocupando sua primeira casa, relacionada à saúde e energia vital. Ele está recebendo bons aspectos de Mercúrio e do Sol em Peixes, o que significa um ciclo de mais confiança e fé na vida, e força de superação para o que der e vier.

De 11 a 20 de março: Sol e Urano em sextil são indicadores de mais alegria na vida social; novas amizades podem surgir e ser motivação de inspiração a planos para o seu futuro. Esteja mais atento à sua intuição ou às sincronicidades que se apresentarão como surpresas em seu dia a dia.

De 21 a 31 de março: Saturno e Sol estão juntos em Áries, fazendo sextil com Plutão em Aquário. Novas habilidades e interesses podem estar surgindo, e isso é prazeroso e surpreendente. As experiências feitas no passado se somam às do presente; vá em frente!

De 1º a 10 de abril: Possíveis divergências na vida amorosa podem deixá-lo ansioso ou triste; nem tudo vai acontecer como você gostaria. Sol e Júpiter podem indicar problemas em assuntos jurídicos, portanto, procure adiá-los. A vida está demandando mais paciência e jogo de cintura.

De 11 a 20 de abril: Plutão faz sextil com Marte, que está em seu próprio signo. Você terá mais autocontrole e poder pessoal para lidar com desafios profissionais. Use sua sensibilidade para captar a verdadeira intenção dos outros; isso será muito útil neste momento.

De 21 a 30 de abril: Saturno, Marte e Mercúrio estão em Áries nestes dias. Essa forte conjunção em um signo de Fogo propicia coragem, audácia e presença de espírito para avançar em seus propósitos profissionais, com resultados de curto prazo.

De 1º a 10 de maio: Em alguns momentos, é importante saber que nem todos torcem pelo seu sucesso. Assim, evite contar o que está atraindo de bom para sua vida. E, quanto às críticas, não se incomode, pois fazem parte do pacote dos invejosos de plantão.

De 11 a 20 de maio: Sol e Mercúrio se encontram na casa dos amigos e dos projetos para o amanhã. Agora você já pode compartilhar suas novidades com os verdadeiros amigos. Sua energia positiva e confiante vai contagiar e ao mesmo tempo inspirar os demais.

De 21 a 31 de maio: O planeta Vênus encontra-se em ângulo de tensão com Saturno e Netuno. As mazelas e os contratempos da vida sentimental estão complicando seu dia a dia. Ganhe certa distância da situação, evitando discussões e exigências, pois tudo pode piorar se não mantiver a calma.

De 1º a 10 de junho: Júpiter e Vênus em Câncer e na primeira casa sinalizam aumento de carisma, simpatia e desejo de harmonia com tudo e todos que estão a sua volta. Ótimo para investir em tratamentos de beleza, assim como no convívio familiar; aproveite bem este ciclo!

De 11 a 20 de junho: Marte em Touro em sextil com Mercúrio é uma configuração positiva para viagens rápidas, além de bom convívio com irmãos e primos. Ótimo momento para fazer cursos *on-line*, a fim de ampliar suas possibilidades de trabalho e interação social.

De 21 a 30 de junho: Ciclo benéfico para negócios ou investimentos de longo prazo. Se for necessário, consulte alguém de confiança neste assunto. Seu sistema imunológico pode estar vulnerável, e é importante evitar a automedicação.

De 1º a 10 de julho: Pode haver atrasos no ritmo de finalização de suas metas de trabalho. Continue focado no que já está em andamento e negocie novos prazos, se for necessário. Marte em trígono com Plutão no céu pode evidenciar um período de mais criatividade na solução de adversidades.

De 11 a 20 de julho: Sol em conjunção a Mercúrio em Câncer deve aumentar a sua sensibilidade psíquica e sonhadora. Faça bom uso dessa tendência, cuidando melhor das pessoas que o cercam. Ótimo período para viagens rápidas ou mesmo revisitar lugares importantes de sua infância.

De 21 a 31 de julho: Sol e Júpiter se encontram em Leão, fazendo bons aspectos com Netuno em Áries. Haverá muita energia disponível, como otimismo e determinação, para fazer as coisas acontecerem. Você atrai o que deseja concentrando-se no aqui e agora; o futuro já é seu novo e prazeroso desafio!

De 1º a 10 de agosto: Netuno em sextil com Plutão deve aprofundar as questões existenciais de sua vida. O mundo espiritual pode despertar seu interesse por meio de amigos, cursos ou leituras. Cultive a riqueza e a sabedoria do autoconhecimento.

De 11 a 20 de agosto: O planeta Mercúrio está acelerado, fazendo aspectos com Urano, Netuno e Júpiter, todos em signos de Ar e Fogo. Essa combinação entre elementos compatíveis favorece o dinamismo nas relações sociais, a facilidade na comunicação e o compartilhamento de conhecimentos.

De 21 a 31 de agosto: Nesta fase, alguns contratempos podem se parecer a um freio de mão puxado. Será necessário mais cuidado com as palavras e a ansiedade excessiva que acaba por prejudicar sua concentração e produtividade. Vá com calma.

De 1º a 10 de setembro: Com Saturno em trígono com Júpiter você já está mais concentrado e perseverante em suas atividades, e também cumprindo seus compromissos. Se precisar, faça uma pausa para recarregar as baterias; investir em uma alimentação mais saudável será bem oportuno.

De 11 a 20 de setembro: Este é um período favorável para o autoconhecimento. Conhecer melhor sua história e a de seus antepassados poderá ser uma experiência significativa. Decisões assertivas no trabalho serão reconhecidas pelos seus colegas.

De 21 a 30 de setembro: O Sol agora adentra o signo de Libra, fazendo trígono com Urano e Plutão, em Gêmeos e Aquário, respectivamente. Essa configuração é benéfica para o mundo das ideias e do compartilhamento de vivências com seus colaboradores e familiares.

De 1º a 10 de outubro: Há um aspecto de tensão entre Marte e Plutão que pode prejudicar sua vida amorosa. Isso vai exigir de sua parte cautela para não ferir pessoas queridas. Fuja de discussões; espere outro momento para diálogos mais esclarecedores e produtivos.

De 11 a 20 de outubro: A harmonia na vida pessoal vai ganhando mais espaço; refletir e recuar são sempre a melhor opção quando chegam tempestades emocionais. Momento proveitoso para melhorar seu desempenho ou planejar seus próximos passos no trabalho.

De 21 a 31 de outubro: As tensões de Mercúrio retrógrado ainda podem reverberar na vida a dois. É hora de fazer uma avaliação mais serena do que está ocorrendo. O controle e o ciúme em excesso acabam por impedir uma relação saudável; pense bem nisso.

De 1º a 10 de novembro: As nuvens cinzentas já estão se dissipando, e o céu ficará mais azul para os assuntos do coração com o sextil entre Vênus e Marte. Seja qual for a decisão que tomar, será para o seu bem. A inteligência emocional é relevante quando sabemos usá-la.

De 11 a 21 de novembro: Mercúrio em Escorpião e Vênus em Libra retomam o movimento direto nestes dias, trazendo maior fluência à expressão dos sentimentos, e clareza em relação a atitudes mais positivas e igualmente transformadoras.

De 21 a 30 de novembro: O Sol em trígono com Netuno deve ampliar a visão que você tem de seu trabalho e do quanto ele é importante para você. O contato com pessoas mais esclarecidas ou espiritualizadas pode atrair sua atenção neste momento.

De 1º a 10 de dezembro: Marte e Urano em tensão evidenciam um período de cansaço ou estresse no seu cotidiano que pode ser contornado. Cancele aquilo que não tem urgência e foque mais em sua saúde mental e bem-estar; você merece!

De 11 a 20 de dezembro: A tensão dos últimos dias já está terminando. Você terá a oportunidade de se aconselhar com pessoas experientes se quiser investir em sua carreira. Boas notícias em relação a ganhos materiais podem chegar. Evite gastar por conta!

De 21 a 31 de dezembro: Nesse momento de finalizações, os ângulos planetários não estão favorecendo decisões e compromissos. Não se aborreça com imprevistos ou viagens que precisem ser desmarcadas. Fique próximo de pessoas queridas, e tudo dará certo.

LEÃO — **22 de julho – 22 de agosto**
EU GOVERNO — PLANETA REGENTE: Sol
ELEMENTO: Fogo — QUALIDADE: Fixo
PEDRAS DE PROTEÇÃO: Olho de tigre e citrino

De 1º a 10 de janeiro: Sol e Vênus estão juntos em Capricórnio neste início de ano. Você certamente estará mais receptivo em relação à interação social, seja com familiares ou amigos. Aproveite os dias de lazer para um bom descanso. Cuide mais da alimentação, optando por frutas e alimentos não processados.

De 11 a 20 de janeiro: Período auspicioso para tomar iniciativas acertadas no trabalho. Você pode ter boas ideias que sejam fáceis de se executar, estimulando assim a cooperação com colegas ou subordinados. O contato com pessoas no estrangeiro também está favorecido.

De 21 a 31 de janeiro: Um forte *stellium* em Aquário deve trazer grande movimentação em frutíferas parcerias. Ótimo momento para semear novos projetos, encorajando seus parceiros com ações ousadas que vão surpreender até mesmo você.

De 1º a 10 de fevereiro: O excesso de ansiedade e dispersão podem prejudicar seu rendimento no trabalho ou estudos. Procure manter sua rotina, mesmo que surjam imprevistos com seus instrumentos de trabalho como tablets, celulares, etc. Tudo isso é passageiro.

De 11 a 20 de fevereiro: Período favorável para resolver suas pendências com calma e discernimento, mesmo com obstáculos momentâneos. Não faça investimentos de risco nem gastar mais do que pode. A prudência será sua melhor conselheira.

De 21 a 28 de fevereiro: Esteja atento a vida amorosa; pequenos gestos de atenção ou elogios sempre fazem a diferença. Aproveite para desfrutar de programas culturais, ouvir boa música e se divertir!

De 1º a 10 de março: Fase favorável para se dedicar aos seus contatos, fazer *networking* e divulgar seu trabalho nas redes sociais. Vênus e Urano estão dinamizando seu setor profissional; não tenha receio de aperfeiçoar seus conhecimentos na área de tecnologia, IA e afins.

De 11 a 20 de março: Originalidade e criatividade são a tônica de suas atuais parcerias e o contato com novos profissionais será estimulante. Não se incomode com críticas que possam surgir, uma vez que a inveja existe, mesmo que não a perceba imediatamente.

De 21 a 31 de março: Sol e Saturno em Áries fazem sextil com Plutão em Aquário, devendo indicar mais energia vital e intuição para captar as novidades que estão chegando. Júpiter e Marte em bom ângulo corroboram essa tendência, adicionando otimismo e confiança para você levar suas metas adiante.

De 1º a 10 de abril: Neste momento talvez você não possa contar com todo o apoio de que gostaria por parte dos colegas. As adversidades poderão ser contornadas com diplomacia e tolerância; não se precipite em julgamentos apressados que podem estar equivocados.

De 11 a 20 de abril: Momento oportuno para crescer por meio do contato com pessoas espiritualizadas, que lhe transmitirão experiências inusitadas e valorosas para sua existência. Será importante ver as coisas de sempre sob outros ângulos.

De 21 a 30 de abril: Vênus faz bons aspectos com Urano e Plutão, criando uma atmosfera mais romântica e intensa. A sensação de cumplicidade na vida a dois sempre faz bem. Novas amizades podem surgir, enriquecendo seu cotidiano com outros conhecimentos.

De 1º a 10 de maio: Nestes dias, o mais aconselhável será evitar discussões, pois metas divergentes podem deixá-lo estressado. Importante também é não levar nada para o lado pessoal e esperar a poeira baixar; tudo se resolverá com o tempo.

De 11 a 20 de maio: Júpiter recebe bons aspectos, trazendo novas perspectivas para o ciclo anterior. A comunicação está fluindo com mais rapidez, e seus interlocutores estão receptivos às mudanças necessárias de trabalho.

De 21 a 31 de maio: O planeta Vênus encontra-se pressionado por Saturno neste ciclo. A frustração na vida sentimental pode afetar seu humor e sua saúde. O que está errado deve vir à tona para ser compreendido e eventualmente reparado, mas vá com calma.

De 1º a 10 de junho: Júpiter agora se encontra com Vênus em Câncer, pacificando as emoções e trazendo sabedoria para contornar suas aflições. Esteja mais atento à qualidade de sua alimentação, evitando o excesso de açúcar e carboidratos.

De 11 a 20 de junho: Plutão em oposição a Vênus pode trazer de volta as dificuldades na vida a dois; sua intransigência corre o risco de afastar quem você ama. Use a inteligência emocional e a diplomacia para relativizar os problemas.

De 21 a 30 de junho: Seu sistema imunológico pode estar em baixa devido ao estresse afetivo; faça caminhadas ao ar livre para relaxar. Atenção com a saúde, comece a fazer seus exames anuais, caso seja necessário.

De 1º a 10 de julho: Neste ciclo, com a presença de muitos planetas nos elementos Ar e Fogo, você sentirá um aumento de vitalidade e confiança para criar boas soluções no dia a dia. Mais presença de espírito e intuição estarão direcionando suas decisões.

De 11 a 20 de julho: Sol e Mercúrio juntos podem indicar a necessidade de introspecção, que deve ser respeitada. Será proveitosa uma avaliação do que está vivenciando no âmbito familiar. Pense também em uma viagem de lazer a algum lugar aconchegante.

De 21 a 31 de julho: O planeta Plutão está pressionado por Júpiter e pelo Sol, que se encontram no signo de Leão. Essa configuração sinaliza a necessidade de evitar exageros, além do desejo de controlar tudo e todos. É hora de atuar por meio da tolerância e da diplomacia.

De 1º a 10 de agosto: Neste período, você estará mais sábio, podendo ver tudo com mais distanciamento e tranquilidade. Sua autoestima está em alta, e isso é determinante na qualidade de seus pensamentos e atitudes inteligentes. Bom para viagens de longa distância.

De 11 a 20 de agosto: Vênus faz ótimos aspectos nestes dias, o que caracteriza uma fase de equilíbrio e harmonia em suas relações. A receptividade e o reconhecimento pelos seus esforços vão acontecer naturalmente. Bom ciclo também para a vida sentimental.

De 21 a 31 de agosto: Este momento vai demandar mais jogo de cintura e capacidade de adaptação aos imprevistos do cotidiano. Encare isso como uma fase passageira, mantendo o foco naquilo que está dando certo. A perseverança é sempre testada em momentos desafiadores.

De 1º a 10 de setembro: O trígono entre Júpiter em Leão e Saturno em Áries está trazendo grande disposição e confiança para tudo o que desejar empreender. Seu otimismo acabará atraindo o que está precisando para expandir seus negócios com maior senso de responsabilidade.

De 11 a 20 de setembro: Marte e Sol ativam sua segunda casa, mostrando a capacidade de tomar iniciativas acertadas e focadas no essencial. Mercúrio e Plutão favorecem parcerias produtivas que darão frutos no curto prazo. Divulgue mais seu trabalho nas redes sociais.

De 21 a 30 de setembro: Júpiter e Mercúrio formam um ângulo positivo, estimulando sua criatividade e inteligência. Bom período para comprar e vender, gerando oportunidades de ganhos rápidos; ouça a sua intuição. Viagens breves podem ser interessantes; aproveite essa movimentação!

De 1º a 10 de outubro: O céu estelar mostra ângulos difíceis entre Mercúrio, Marte e Plutão em signos fixos, que podem indicar eventos sobre os quais não se tem muito controle. Desta feita, evite atitudes intempestivas ou exacerbadas; tudo vai passar.

De 11 a 20 de outubro: As orientações do ciclo anterior valem agora para sua vida social e amorosa. Não exija dos outros aquilo que eles não podem dar, evitando rompantes de intolerância. Aposte em soluções pacíficas, que trarão melhores soluções.

De 21 a 31 de outubro: Mercúrio e Vênus estão em movimento retrógrado no céu, e Plutão, em um ângulo de tensão com o Sol. Não se deixe levar pela dispersão, mantendo-se concentrado nas decisões que já assumiu. Se for possível, tire alguns dias para descansar; o corpo vai agradecer.

De 1º a 10 de novembro: O mês tem início com Júpiter em sextil com Vênus, que representa uma fase de mais bem-estar e equilíbrio emocional.

Sol e Mercúrio em Escorpião, juntos, vão favorecer o convívio com familiares, diálogos e decisões para assuntos que estavam pendentes.

De 11 a 20 de novembro: Agora Mercúrio e Vênus estão em movimento direto, facilitando o fluir da comunicação em geral. Urano em Gêmeos em trígono com Plutão em Aquário traz mais criatividade e sucesso para as parcerias. Invista mais em conhecimentos de tecnologia.

De 21 a 30 de novembro: É possível que se surpreenda com talentos latentes em você. Momento auspicioso para investir em autoconhecimento, a fim de se sentir mais capacitado para modificar alguns padrões de pensamento que trarão mais liberdade a sua vida.

De 1º a 10 de dezembro: É preciso fugir de gastos exagerados ou supérfluos que surgem com os estímulos de fim de ano. Sol e Saturno em ângulo positivo possibilitam bons encontros com pessoas do seu passado, permitindo avaliar quanto você já caminhou e conquistou em sua vida.

De 11 a 20 de dezembro: Júpiter em trígono com o Sol em signos de Fogo será motivo de entusiasmo e motivação para retomar algum projeto que tenha ficado para trás. Você terá o reconhecimento que esperava pelos esforços feitos. Bom para investimentos de longo prazo.

De 21 a 31 de dezembro: Este final de ano pode ser um pouco frustrante, pois o que estava planejado poderá não se concretizar. É bom ter um plano B, ou, por outro lado, desapegar-se das convenções e ficar perto de quem realmente gosta, contentando-se com coisas mais simples e corriqueiras.

VIRGEM — **23 de agosto – 22 de setembro**
EU ORGANIZO — PLANETA REGENTE: Mercúrio
ELEMENTO: Terra — QUALIDADE: Mutável
PEDRAS DE PROTEÇÃO: Amazonita e malaquita

De 1º a 10 de janeiro: Sol, Vênus e Marte estão em Capricórnio, dinamizando sua quinta casa. Este início de ano é excelente para o contato com filhos, crianças ou tudo o que lhe traga mais prazer e alegria de viver. Relaxe e procure desfrutar da boa companhia de amigos queridos.

De 11 a 20 de janeiro: Saturno em sextil com Urano no céu evidencia uma fase em que suas motivações estarão direcionadas para o futuro.

Mentalize aquilo que deseja com bastante clareza. O contato com pessoas experientes será essencial para estruturar seus planos.

De 21 a 31 de janeiro: Plutão e outros planetas se encontram nos primeiros graus do signo de Aquário, movimentando seus interesses relativos ao trabalho. Esteja receptivo às inovações tecnológicas mais recentes que podem aperfeiçoar sua vida profissional, mudando suas oportunidades no futuro.

De 1º a 10 de fevereiro: Este período pode ser marcado por contratempos que irão alterar sua rotina, gerando frustrações. É hora de ser resiliente e dar sequência ao que já iniciou. Certos obstáculos têm o dom de fortalecer seu espírito e aperfeiçoar suas realizações!

De 11 a 20 de fevereiro: Mercúrio em Peixes em trígono com Júpiter em Câncer torna o fluxo da vida mais leve e gratificante. Sua mente está mais desanuviada e receptiva a novidades, e as boas notícias o deixarão animado. O contato com amigos de longa data irá alimentar sua alma.

De 21 a 28 de fevereiro: Mercúrio em conjunção a Vênus na sétima casa irá propiciar parcerias produtivas baseadas em metas que antes pareciam impossíveis, então siga em frente. A diplomacia será uma boa conselheira.

De 1º a 10 de março: Nesta fase, Vênus fará sextil com Urano em Touro e, em seguida, sextil com Plutão em Aquário. Esses aspectos são importantes para planejar seu trabalho, e expandir sua produtividade e eficiência. Momento benéfico para a vida amorosa; aproveite!

De 11 a 20 de março: Urano e Sol em sextil podem dar boa sustentação aos seus planos, mesmo que estejam em fase de preparação. O conhecimento na área digital será uma alavanca para viabilizar suas realizações em geral.

De 21 a 31 de março: Saturno e Sol transitam em Áries fazendo bons aspectos com Plutão em Aquário. Sem dúvida, este é um momento auspicioso para inovações, para atuar com mais autoestima e segurança. Afinal, ousadia e coragem nunca fizeram mal a ninguém!

De 1º a 10 de abril: Neste ciclo, a quadratura entre Sol e Júpiter demanda mais parcimônia e atenção com seus investimentos. Não compre nada por impulso, pois poderá se arrepender. Procure fazer mais exercícios, cuidando assim de sua saúde e bem-estar.

De 11 a 20 de abril: A maneira de se comunicar com todos fluirá de modo mais harmônico e dinâmico; seus colegas vão valorizar sua presença de espírito e criatividade. O contato com o mundo místico ou espiritual será também muito esclarecedor nesta fase de vida.

De 21 a 30 de abril: Vênus faz conjunção com Urano e em seguida trígono com Plutão. Os elementos Terra e Ar estão agora enfatizados e geram mais energia e disposição para organizar as ideias com mais segurança. Não procrastine suas ações; vá em frente.

De 1º a 10 de maio: Mercúrio e Plutão em ângulo de tensão geram uma tendência de mais intolerância na comunicação, o que pode afastar as pessoas mais próximas. É aconselhável não levar divergências para o lado pessoal, lembrando que todos têm o direito de pensar por conta própria.

De 11 a 20 de maio: Passado o ciclo anterior, a interação social está mais prazerosa, e o bom compartilhamento de ideias trará cumplicidade entre os pares. Agora Mercúrio e Plutão, em ângulo positivo, mostram a importância da objetividade – um dom a ser conquistado por todos!

De 21 a 31 de maio: Vênus transita em Câncer, em quadratura com Saturno e Netuno em Áries, manifestando tensão entre seus desejos íntimos e a realidade dos fatos. Recue em suas expectativas, aceitando que ninguém é perfeito, inclusive você.

De 1º a 10 de junho: O Sol em Gêmeos ocupa sua décima casa e faz bom aspecto com Saturno em Áries, propiciando atitudes mais perseverantes e corajosas para chegar aonde deseja. Mantenha-se firme e concentrado em seus planos; a ambição inteligente sempre traz bons frutos.

De 11 a 20 de junho: O clima planetário é auspicioso para o amor, sem que este demande necessariamente compromissos longos. Como disse o poeta: "O nosso amor a gente inventa", ou seja, tenha a liberdade de fantasiar e se divertir sem grandes pretensões.

De 21 a 30 de junho: Nestes dias você estará mais sensível e vulnerável do ponto de vista psíquico. Evite lugares e pessoas negativas. Aproveite para fazer um *detox* do celular e das telas, descansar a mente e dormir melhor.

De 1º a 10 de julho: Seria interessante neste ciclo não assumir novas responsabilidades e terminar o que já está em andamento. Marte e Urano em Gêmeos mostram um bom período para passeios ou viagens a lugares desconhecidos que renovem sua energia física e mental.

De 11 a 20 de julho: Urano fará sextil com Netuno e trígono com Plutão o mês todo. Você poderá experimentar uma renovação de valores e propósitos de vida. Não só a tecnologia tem a ver com isso, mas, sobretudo, a receptividade da mente a conhecimentos inusitados.

De 21 a 31 de julho: Nestes dias é importante evitar assumir responsabilidades em excesso, que poderão prejudicar sua saúde. No entanto, Júpiter em conjunção ao Sol em Leão sinaliza mais vitalidade, alegria de viver e esperanças renovadas.

De 1º a 10 de agosto: Sol em Leão e Saturno em Áries em harmonia no céu mostram um período em que você ficará satisfeito com seus empreendimentos, pois estes serão realizados com compromisso e eficiência. Viagens e contatos com o estrangeiro serão proveitosos.

De 11 a 20 de agosto: Este ciclo mostra um sextil entre Vênus em Libra e Júpiter em Leão, assim como um aspecto positivo entre Plutão e Urano. Ambos assinalam um período de contentamento e muito prazer no convívio social. Invista mais em lazer e atividades culturais.

De 21 a 31 de agosto: Urano encontra-se pressionado por Mercúrio neste ciclo, demandando mais foco e concentração em tudo o que fizer. Organize melhor seus documentos, e horários, e evite discussões inúteis.

De 1º a 10 de setembro: Júpiter em trígono com Saturno indica uma fase de sérias realizações, que terão longo alcance no tempo. Seu esforço e tenacidade trarão bons frutos. A sabedoria consiste em aplicar o conhecimento na hora certa; aproveite bem.

De 11 a 20 de setembro: Plutão e Vênus encontram-se em um ângulo difícil, e ressentimentos provavelmente virão à tona. Momento oportuno para se desintoxicar daquilo que ficou no passado e já não tem mais sentido. Faça bom uso do poder de seu pensamento!

De 21 a 30 de setembro: O Sol em Libra faz trígono com Urano e Plutão, sinalizando um ciclo único para sua vida profissional; é chegada a hora de avançar para experiências diferenciadas. Não procrastine as decisões que precisa tomar e siga sem medo; os caminhos estão abertos.

De 1º a 10 de outubro: A trajetória que você escolheu pode estar sujeita a algumas adversidades. Tenha em mente que a inveja de outros é uma energia forte, e que necessita ser enfrentada. Seja diplomático e não desista dos desafios que irão fortalecer seu espírito.

De 11 a 20 de outubro: Júpiter e Sol estão indicando um período em que a valorização dos seus esforços surgirá, e é merecida; comemore cada etapa de suas conquistas. Momento favorável também para fazer viagens rápidas e novas amizades. Apenas tenha mais atenção com o excesso de alimentos processados.

De 21 a 31 de outubro: Nesta fase, você deverá ficar mais cauteloso com gastos ou investimentos financeiros arriscados. Mercúrio retrógrado sinaliza: reorganize seu final de ano para não ter surpresas com demandas muito altas que possam complicar suas finanças.

De 1º a 10 de novembro: Vênus e Júpiter mostram um forte impulso para expandir sua vida social e mesmo afetiva. Não recuse convites para sair e se divertir, desfrutar da companhia de bons amigos; isso vai reverberar positivamente em seus ideais de trabalho.

De 11 a 20 de novembro: Mercúrio em Escorpião e Vênus em Libra voltam ao movimento direto. Observe a força criativa das palavras e a reverberação positiva que ela cria ao seu redor. Irradiando mais positividade ou generosidade, o universo trará o mesmo de volta para você.

De 21 a 30 de novembro: Plutão agora recebe bons aspectos de Sol e Urano, e isso traz a sensação de aumento do poder pessoal. O amor-próprio conduz suas ações, e você poderá fazer as mudanças que está desejando. Boas notícias podem chegar na fase da Lua Cheia; fique atento.

De 1º a 10 de dezembro: O ciclo auspicioso para transformações no trabalho ainda permanece. Alguns contratempos de rotina exigirão sua atenção quanto a aparelhos eletrônicos. Sua visão de mundo está se tornando mais abrangente, e essa experiência é muito gratificante.

De 11 a 20 de dezembro: Neste momento, você pode ter êxito em assuntos relativos a jurisprudência, bens imóveis ou patrimoniais. Mantenha-se otimista e espere por bons resultados. Ótimo período para receber amigos ou familiares em sua casa.

De 21 a 31 de dezembro: Este final de ano pode não acontecer conforme o planejado. Sol, Mercúrio e Saturno em tensão dificultam os deslocamentos, gerando atrasos ou cancelamentos de última hora. O mais aconselhável é ter opções mais simples, para evitar o desgaste com imprevistos.

LIBRA — **23 de setembro – 22 de outubro**

EU EQUILIBRO — PLANETA REGENTE: Vênus

ELEMENTO: Ar — QUALIDADE: Cardinal

PEDRAS DE PROTEÇÃO: Quartzo rosa e turmalina melancia

De 1º a 10 de janeiro: Neste momento há planetas em Capricórnio, ativando sua quarta casa. Será um ciclo oportuno para resoluções no âmbito doméstico, cujas demandas já acontecem há algum tempo. Podem ser reformas, mudanças ou projetos de *home office* que exijam uma nova organização.

De 11 a 20 de janeiro: Temos no céu um sextil entre Saturno em Peixes e Urano em Touro. As mudanças do ciclo anterior podem encontrar certa resistência que, com o passar do tempo, será resolvida. O aconselhamento com pessoas mais experientes será essencial para encaminhar novos projetos.

De 21 a 31 de janeiro: Um significativo *stellium* no signo de Aquário pode trazer novidades também à vida amorosa. Preste atenção aos impulsos criativos que vierem à tona com a conjunção de Plutão e Marte, pois poderão surpreendê-lo de forma inesperada.

De 1º a 10 de fevereiro: O planeta Urano agora está bem posicionado no final do signo de Touro. Uma alteração em sua rotina poderá causar estresse e ansiedade, pois não há uma solução mágica a caminho, embora sua inteligência e a passagem do tempo darão conta de harmonizar tudo.

De 11 a 20 de fevereiro: Saturno e Netuno fazem uma conjunção que envolve paradoxos. Há um ímpeto mais sonhador e idealista que se contrapõe a ações concretas no mundo real. Deixe sua sensibilidade fluir, pois a imaginação criativa deve ser colocada em prática.

De 21 a 28 de fevereiro: Mercúrio e Vênus em Peixes atuam de modo a criar uma frequência psíquica mais receptiva e delicada. Aproveite para elaborar melhor seus sonhos, ou mesmo buscar algum tipo de terapia que priorize o autoconhecimento a fim de lidar melhor com seu cotidiano.

De 1º a 10 de março: O planeta Júpiter está em Câncer na sua décima casa, fazendo bons aspectos com Mercúrio e Sol em Peixes. Ciclo auspicioso para colocar em perspectiva seus projetos profissionais com mais otimismo e confiança. Conte mais com seus colaboradores.

De 11 a 20 de março: Sol e Urano estão ampliando sua criatividade e originalidade em tudo o que faz. Parcerias momentâneas serão bem-vindas e vão dinamizar seus valores e visão de mundo. Nada como poder assinar o que faz com amor-próprio e confiança.

De 21 a 31 de março: Sol e Saturno fazem sextil com Plutão, e essa configuração sinaliza maior poder pessoal, alinhado à capacidade de planejar com eficiência suas metas financeiras. Bom para investimentos de longo prazo, mas peça orientação a pessoas qualificadas para tal.

De 1º a 10 de abril: A força de renovação continua presente, mas agora é preciso ter uma noção de limites. Nem tudo o que deseja vai se realizar imediatamente; é preciso seguir o ritmo daqueles que colaboram com você. Vá com calma.

De 11 a 20 de abril: Você deverá seguir seu bom senso, que, somado a sua intuição, trará resultados satisfatórios para este ciclo. Colocar em dia os assuntos pendentes vai deixá-lo com a prazerosa sensação de dever cumprido.

De 21 a 30 de abril: Vênus e Urano em conjunção a Gêmeos fazem trígono com Plutão em Aquário, evidenciando a autoestima, que faz a energia da vida fluir bem e naturalmente. Se Cupido bater à sua porta, não se esquive com desculpas esfarrapadas; é chegada a hora de namorar e se divertir mais.

De 1º a 10 de maio: Nestes dias, a comunicação pode se tornar difícil. A ansiedade não é boa conselheira para tomar decisões, especialmente se você levar os desentendimentos para o lado pessoal. Use a inteligência emocional, e tudo se encaminhará de forma pacífica.

De 11 a 20 de maio: Agora os encontros estão mais produtivos e as palavras fluem com seu interlocutor. O Sol em sextil com Júpiter trazem o reconhecimento que estava esperando; o momento é auspicioso para pedir um aumento ou uma gratificação. Sua positividade será inspiradora.

De 21 a 31 de maio: O céu planetário está bem movimentado. Algumas frustrações na vida amorosa podem deixá-lo frustrado. Por outro lado, seu amor-próprio o impedirá de tomar atitudes infantis. Sua segurança vai equilibrar os interesses, seja qual for o destino do relacionamento.

De 1º a 10 de junho: Uma conjunção em Câncer de Júpiter e Vênus, seu regente solar, fará aumentar sua autoestima e simpatia. Você poderá cativar a todos com sua presença, dando-se conta da importância de relações inteligentes que abranjam reciprocidade e lealdade.

De 11 a 20 de junho: Vênus agora transita na sua casa dos amigos e planos para o futuro. Deixe a imaginação funcionar caso queira planejar alguma viagem de lazer ou descanso. Ótimo momento para cuidados com a saúde e o bem-estar, como massagens, yoga, meditação etc.

De 21 a 30 de junho: Neste período você deve continuar com os cuidados de saúde; seu sistema imunológico pode estar mais frágil. Proteja-se de pessoas negativas e fuja de fofocas no trabalho. Se for possível, faça os exames anuais, evitando assim a automedicação excessiva.

De 1º a 10 de julho: Nestes dias teremos Marte junto a Urano em Gêmeos em trígono com Plutão em Aquário – ciclo de vitalidade, de dinamização dos interesses intelectuais. A descoberta de algum talento pode ser a mola propulsora para outras mudanças que estão a caminho; fique atento!

De 11 a 20 de julho: Sol e Mercúrio corroboram a tendência do ciclo anterior, pois essa abertura de espírito vai reformulando sua visão de mundo. Conhecimentos de natureza mística ou espiritual vão deixá-lo mais leve e inspirado; nada melhor do que um coração feliz.

De 21 a 31 de julho: O Sol ao lado de Júpiter no signo de Leão traz ventos de renovação e alegria no setor dos amigos. Ótima fase para tratar de assuntos jurídicos que possam ter solução definitiva. Exija e lute por seus direitos até o fim; não há por que desanimar agora.

De 1º a 10 de agosto: Netuno em sextil com Plutão no céu planetário lhe permitirá enxergar com mais clareza seu propósito de vida. Essa é uma questão fundamental, pois, sem uma intenção definida, você deixará de atrair as pessoas ou oportunidades certas para se desenvolver.

De 11 a 20 de agosto: Vênus, planeta regente de seu signo solar, constrói um ciclo de mais harmonia em bons aspectos com Júpiter, Mercúrio e Urano. Nada melhor do que se deixar levar pelo chamado do coração, que pode se encantar por alguém. A autoestima está em alta!

De 21 a 31 de agosto: Nesta fase, tudo estará mais acelerado e sujeito a imprevistos que o deixarão frustrado. Tente se adaptar às circunstâncias, evitando discussões ou apontando supostos culpados. A vida não é uma linha reta e seu desafio é sair da zona de conforto.

De 1º a 10 de setembro: No início do período, pode ser que esteja mais cansado ou estressado com o excesso de responsabilidades. Mas Júpiter em trígono com Saturno sinaliza que você terá perseverança suficiente para levar tudo adiante. Desistir agora não é uma opção!

De 11 a 20 de setembro: Agora sua mente está mais afiada para questionamentos profundos; não tenha receio de desvendar fatos ainda desconhecidos da sua psique. Instabilidades na vida a dois podem deixá-lo magoado; o melhor caminho é diminuir as expectativas.

De 21 a 30 de setembro: Urano em Gêmeos faz trígono com Sol em Libra, e assim você expressará sua individualidade no mundo de maneira marcante. Estar convicto de que deve trilhar o próprio caminho, é o preço da sua liberdade. Fique atento às mensagens que chegarão por meio da intuição!

De 1º a 10 de outubro: O ciclo agora é marcado por mais demandas, sendo que algumas delas não dependem tanto de sua vontade. Faça o que estiver a seu alcance e delegue algumas tarefas, tirando o fardo das costas. Fuja das brigas familiares sem grande importância.

De 11 a 20 de outubro: Marte em Leão faz trígono com Saturno em Áries, sinalizando que assuntos do passado podem ter uma boa conclusão, e com reconhecimento do seu esforço. Bom momento para viagens de lazer ou conhecer lugares novos que irão energizá-lo.

De 21 a 31 de outubro: Mercúrio faz quadratura com Marte em signos fixos, indicando conflitos e divergências de opinião com pessoas próximas. Você tem a opção de se manter em silêncio e esperar o momento mais oportuno para um diálogo inteligente, objetivo e verdadeiro.

De 1º a 10 de novembro: Júpiter em Leão faz sextil com Vênus em Libra, sinalizando um ciclo de movimentação social, com mais energia para planejar e desfrutar das boas coisas da vida. Sol e Mercúrio podem significar bons negócios, viagens rápidas e novos interesses intelectuais.

De 11 a 20 de novembro: Mercúrio e Vênus voltam ao movimento direto, facilitando as obrigações rotineiras, assim como a interação social e o compartilhamento de experiências. Ótimo período para fazer cursos e ampliar seu *networking*. Marte e Júpiter trazem otimismo e confiança à vida.

De 21 a 30 de novembro: O Sol entrando em Sagitário propicia questionamentos filosóficos ou espirituais, que devem ajudá-lo bastante em seu autoconhecimento. Júpiter e Vênus novamente estimulam o contato com o que é belo e prazeroso na vida.

De 1º a 10 de dezembro: Urano em trígono com Plutão acentua a motivação psíquica por uma reformulação de vida ou de valores, e do convívio com novos amigos em sua rotina. Essa também pode ser alterada por mudanças tecnológicas, as quais terá muita satisfação em conhecer.

De 11 a 20 de dezembro: Mercúrio recebe vários aspectos nesta fase. Sua presença de espírito estará mais aguçada, e sua intuição, também. Uma atmosfera de jovialidade vai entrando em sua vida. Invista mais tempo ou dinheiro em cultura ou informação de qualidade.

De 21 a 31 de dezembro: Seu sistema imunológico pode estar mais debilitado; nesse caso, providencie uma alimentação mais saudável e menos calórica. Não se preocupe muito com a passagem do final do ano caso aquilo que planejou não aconteça como desejava.

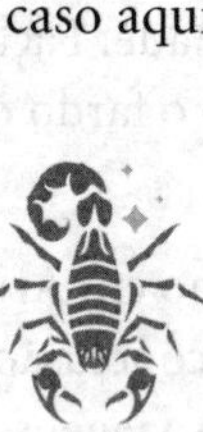

ESCORPIÃO — **23 de outubro – 21 de novembro**

EU DESEJO — PLANETA REGENTE: Plutão

ELEMENTO: Água — QUALIDADE: Fixo

PEDRAS DE PROTEÇÃO: Obsidiana e jaspe

De 1º a 10 de janeiro: O início do ano é benéfico para viagens rápidas, nas quais poderá conhecer lugares inusitados e recarregar as baterias. O contato com a natureza, em especial nas montanhas, será revigorante e, ao mesmo tempo, relaxante.

De 11 a 20 de janeiro: É possível que surjam contrariedades ou divergências em demandas que dificultarão um pouco suas decisões. Mas tudo é contornável, e dependerá de sua paciência e flexibilidade. Seja moderado com gastos desnecessários.

De 21 a 31 de janeiro: Fase favorável para iniciativas importantes relacionadas à sua moradia. Mantenha-se firme nos propósitos que envolvam o bem-estar de seus familiares. Se possível, tire um tempo para o lazer e descanso.

De 1º a 10 de fevereiro: Esteja mais atento aos seus aparelhos eletrônicos, pois podem estar precisando de uma renovação. Mercúrio em quadratura com Urano sinaliza momentos de irritabilidade. É preciso saber se adaptar às contrariedades que fazem parte da vida.

De 11 a 20 de fevereiro: Alguns de seus obstáculos podem ser superados, mas não todos. Ao lidar com as mazelas rotineiras, lembre-se que nada é mais importante que sua paz de espírito. Foque naquilo que está dando certo; organize melhor suas finanças.

De 21 a 28 de fevereiro: Mercúrio e Vênus em Peixes fazem bons aspec tos com Júpiter nestes dias. Essa configuração sinaliza mais otimismo e confiança em tudo o que fizer. A fé é sempre inspiradora, para si e seu próximo. Bons momentos marcam a sua vida amorosa.

De 1º a 10 de março: Neste período, bons ventos vão soprar em sua vida financeira. Esteja aberto a convites para novos trabalhos, mesmo que sejam temporários. Temas ligados à espiritualidade devem trazer um colorido especial para o dia a dia.

De 11 a 20 de março: As pendências relativas ao ambiente doméstico se resolverão mais facilmente. Planeje melhor sua rotina, o que lhe trará uma sensação de liberdade. Não procrastine suas realizações e nem olhe demais para o passado, afinal tudo tem sua razão de ser.

De 21 a 31 de março: Saturno faz sextil com Plutão, o regente de seu signo solar. Agora a melhor coisa a fazer é incorporar o autocuidado a sua rotina – seja com exercícios ou caminhadas, boa alimentação e disciplina; assuma um compromisso consigo mesmo e siga em frente.

De 1º a 10 de abril: Desentendimentos e frustração na vida afetiva podem prejudicar seu desempenho no trabalho ou nos estudos. Separe os assuntos para evitar confusões. O ciúme excessivo ou o desejo de controle não é saudável em nenhuma relação.

De 11 a 20 de abril: Use e abuse da intuição e da criatividade para tomar decisões no trabalho. Fuja das reclamações alheias e concentre-se nas soluções; é assim que os milagres acontecem. Agora você terá a oportunidade de se surpreender com seus recursos latentes.

De 21 a 30 de abril: Saturno e Mercúrio transitam em sua sexta casa, por isso sua eficiência no trabalho continua em alta. Vênus e Urano avisam: novidades na vida afetiva vão animá-lo; não recuse convites para sair e se divertir, já que ninguém é de ferro.

De 1º a 10 de maio: Marte e Júpiter em signos cardinais podem atrapalhar o andamento de suas iniciativas. Não leve discussões para o lado pessoal e sairá ganhando. O silêncio também é uma resposta, que envolve a sabedoria de saber a hora certa para se manifestar.

De 11 a 20 de maio: Sol e Mercúrio fazem sextil com Júpiter em Câncer, tornando este ciclo excelente para ampliar seu repertório intelectual com mais estudos ou pesquisas. O contato com o estrangeiro, seja por meio de pessoas ou viagens, também promete alegrias.

De 21 a 31 de maio: Se as expectativas em relação à vida amorosa estiverem muito altas, trate de revê-las. O aperfeiçoamento da vida a dois é um processo que envolve tempo e paciência. Fase de mais energia e disposição; não abandone suas atividades físicas.

De 1º a 10 de junho: Nada como um dia após o outro. Júpiter em conjunção a Vênus está facilitando um posicionamento mais confiante nos assuntos do coração. Cultive a autoestima; ninguém é tão importante quanto você. Evite o excesso de comida e bebidas alcoólicas.

De 11 a 20 de junho: Marte e Mercúrio em bom aspecto tornam este ciclo relevante para sua produtividade; sua presença de espírito favorecerá soluções rápidas. Vênus, Urano e Netuno tornam a fase mais animada para a interação social, com a possibilidade de fazer novas amizades. Divirta-se!

De 21 a 30 de junho: Saturno e Vênus no céu podem trazer de volta pessoas do seu passado. Aproveite para relembrar experiências anteriores e perceber quanto já evoluiu. Mercúrio fica retrógrado em Gêmeos, demandando cuidado nos negócios e investimentos em geral.

De 1º a 10 de julho: Marte faz aspectos importantes com os planetas transpessoais – Urano, Netuno e Plutão. Certamente você estará mais energizado do que nunca. Período positivo para tomar iniciativas acertadas, agir com determinação e coragem. Ótimo para dietas de desintoxicação.

De 11 a 20 de julho: Urano faz trígono com Plutão, seu regente solar, e torna estes dias promissores para tudo o que quiser transformar e inovar em sua vida. Não hesite em atuar de forma mais audaciosa. Sol e Mercúrio em Câncer favorecem a divulgação de seus trabalhos por intermédio do marketing digital.

De 21 a 31 de julho: Júpiter e o Sol em Leão transitam na sua Casa X, favorecendo a vida profissional. Reconhecimento, elogios e gratificações serão bem-vindos e merecidos. Ciclo relevante para ampliar seus objetivos; aproveite as oportunidades que possam surgir.

De 1º a 10 de agosto: Saturno e Júpiter estão em trígono em signos de Fogo, sinalizando mais disposição e firmeza em relação a seus compromissos; esteja pronto para assumir mais responsabilidades. Agora você conta com as experiências do passado, que certamente serão de extrema valia.

De 11 a 20 de agosto: Vênus está interagindo com vários outros planetas, tornando o mês rico para interações sociais com foco em atividades artísticas e culturais. Você estará mais habilidoso e diplomático para viabilizar seus propósitos com carisma e simpatia. É momento de colheita!

De 21 a 31 de agosto: Neste período, sua rotina poderá ser alterada por eventos sobre os quais você não terá controle. Seja como for, não queira acelerar o ritmo das coisas; reclame menos e se adapte ao que for possível. Desligue o celular, veja menos TV, procure relaxar.

De 1º a 10 de setembro: O ângulo marcante deste ciclo é Júpiter em trígono com Saturno, que está atuando em sua área profissional. Agora você vai experimentar a agradável sensação de colher os frutos dos esforços feitos no passado. Preste mais atenção à saúde, optando por alimentos saudáveis e mais horas de sono.

De 11 a 20 de setembro: O convívio com familiares e assuntos relacionados a sua moradia estão ativados com o sextil entre Sol e Marte. Não procrastine decisões relevantes ao seu bem-estar; pratique esportes ou exercícios que fortaleçam seu tônus muscular.

De 21 a 30 de setembro: O equinócio de primavera tem início com um belo trígono entre Sol, Urano e Plutão em signos do elemento Ar. É hora de celebrar a renovação da vida, valorizar as conquistas feitas ao lado de pessoas que você ama. Faça as mudanças que a vida solicitar, sem medo!

De 1º a 10 de outubro: Este período apresenta ângulos de tensão no céu que vão afetar seus projetos de trabalho. Não queira resolver os assuntos com discussões sem controle. Deixe o ritmo dos acontecimentos orientar suas ações. Em algumas situações, o melhor é se distanciar de tudo.

De 11 a 20 de outubro: Agora Saturno e Marte dialogam de forma objetiva e eficiente. Nada como a sabedoria de agir com a cabeça fria e na hora certa. Vênus em tensão no céu mostra que seus desejos amorosos podem ser contrariados, e isso trará à tona ressentimentos antigos.

De 21 a 31 de outubro: Fique atento a pensamentos negativos ou obsessivos; as crises surgem para tomarmos decisões, sendo oportunidades de crescimento. É chegada a hora de tomar consciência de crenças limitantes. Mantenha-se forte, pois tudo vai passar.

De 1º a 10 de novembro: Os céus mais cinzentos já estão se dissipando, e cabe a você reformular aquilo que ultrapassa seus valores de relacionamentos em geral. É preciso cultivar o amor-próprio, pois é com ele que os milagres acontecem.

De 11 a 20 de novembro: Vênus e Mercúrio estão em movimento direto, facilitando a tolerância e a capacidade de transigir. Ações de jurisprudência devem ser adiadas, embora isso possa frustar suas expectativas. É hora de mirar no futuro e deixar o passado para trás.

De 21 a 30 de novembro: A Lua Cheia em Gêmeos e o trígono entre Sol e Netuno vão dissipar as nuvens para que você possa ver com mais clareza seus talentos e, assim, dinamizar seu trabalho. Júpiter em sextil com Vênus lhe diz: saia e se divirta mais; o prazer dos encontros é insubstituível!

De 1º a 10 de dezembro: Esta é uma boa fase para avaliar quanto você já caminhou neste ano. As aquisições não são meramente materiais, mas também existenciais. Novas responsabilidades podem surgir, demandando mais produtividade e eficiência.

De 11 a 20 de dezembro: Seu processo evolutivo pressupõe maior interesse em obter conhecimentos tanto na área concreta quanto psíquica ou espiritual. O autoconhecimento vai se tornando a chave para novas conquistas. Viagens de longa distância estão favorecidas.

De 21 a 31 de dezembro: É possível que impedimentos ou limitações criem alterações nos projetos de final de ano. Tenha um plano B e diminua as expectativas, sem apego às convenções. A felicidade não precisa depender só de eventos externos, tenha isso em mente.

SAGITÁRIO | **22 de novembro – 21 de dezembro**

EU ELEVO | PLANETA REGENTE: Júpiter

ELEMENTO: Fogo | QUALIDADE: Mutável

PEDRAS DE PROTEÇÃO: Ametista e lápis-lazúli

De 1º a 10 de janeiro: Período certo para tomar iniciativas e agir com vigor e determinação. Marte e Sol em conjunção configuram uma fase interessante para assumir compromissos de longo prazo. Ótimos dias para dar início à prática de atividades físicas.

De 11 a 20 de janeiro: Aspectos contrastantes estão em evidência neste ciclo. Por um lado, você está receptivo a mudanças importantes; por outro, precisa ter cautela com investimentos, pois eles podem não dar certo. Procure aconselhamento com pessoas mais experientes.

De 21 a 31 de janeiro: Um *stellium* em Aquário está dinamizando sua terceira casa, relacionada à interação social. Tempo oportuno para a divulgação regrada e produtiva do seu trabalho nas redes sociais; vá em frente.

De 1º a 10 de fevereiro: Se puder controlar a pressa e ansiedade de fazer tudo rápido, melhor para você, pois alguns imprevistos podem alterar sua rotina. Evite discussões e não queira impor sua opinião de forma intransigente. Exercite a diplomacia.

De 11 a 20 de fevereiro: A comunicação e os diálogos agora são mais objetivos e têm um propósito mais definido. Assuntos domésticos poderão ser resolvidos com êxito, e isso também vale para assuntos jurídicos. Seu otimismo está criando novas realidades, e isso o deixará bastante inspirado a prosseguir.

De 21 a 28 de fevereiro: Vênus faz trígono com Júpiter, seu regente solar. Sua fé e confiança na vida abrem portas nas áreas afetiva e social. Aquele dito popular "gentileza gera gentileza" tem sido mais que verdadeiro para você. Aquilo que você irradia acaba atraindo de volta.

De 1º a 10 de março: Júpiter segue recebendo bons aspectos no céu, confirmando a tendência do ciclo anterior. Período excelente para cuidar do seu bem-estar; busque uma alimentação mais consciente. Vênus em sextil com Plutão em Aquário evidencia um clima de romance no ar.

De 11 a 20 de março: Sol em sextil com Urano em Touro indica originalidade em seu trabalho, que é fonte de inspiração para os colegas. Ouça mais sua intuição, pois a razão nem sempre dá conta de tudo. Invista em conhecimentos de tecnologia.

De 21 a 31 de março: Sol e Saturno em Áries fazem sextil com Plutão em Aquário. É tempo de compartilhar experiências importantes com pessoas próximas, e de ampliar seus conhecimentos em áreas que ainda desconhece. Viagens rápidas estão indicadas para seu espírito sagitariano!

De 1º a 10 de abril: Caso tenha decepções na vida a dois, o melhor a fazer é sentar e esclarecer o que se passou. Cultivar ressentimentos envenena a alma; assim sendo, não é hora de adiar ou esperar, pois tudo se deteriora. Tome as rédeas daquilo que é importante para você.

De 11 a 20 de abril: O planeta Netuno recebe aspectos de Mercúrio e Marte nesta fase, e essa configuração planetária poderá fazê-lo tomar a decisão certa em assuntos confusos. Não se deixe levar por intrigas no trabalho.

De 21 a 30 de abril: Agora o momento é propício para decisões e rápidas; siga em frente. Urano e Vênus juntos em Gêmeos fazem trígono com Aquário, podendo trazer experiências interessantes para sua vida amorosa e abrindo sua mente para formas mais livres de relacionamentos.

De 1º a 10 de maio: Esse é um momento em que você precisa evitar posturas arrogantes ou levar divergências para o lado pessoal. As palavras têm o poder de destruir ou criar, então use-as em críticas construtivas ou elogios a quem realmente merece.

De 11 a 20 de maio: Mercúrio está bem posicionado no céu planetário com Júpiter, Urano e Plutão. Nada melhor que ampliar seu repertório intelectual, participar de seminários, *lives*, e aprender mais sobre marketing digital. Momento enriquecedor para investir em seu poder pessoal e autoconhecimento.

De 21 a 31 de maio: Vênus faz aspectos tensos com Saturno e Netuno, demandando mais discernimento e pé no chão de sua parte. As expetativas na vida a dois podem ser frustradas, e cabe só a você enxergar a pessoa amada com os óculos da realidade; quem não tem defeitos?

De 1º a 10 de junho: A conjunção de Júpiter e Vênus em Câncer poderá ajustar melhor a bússola do seu coração, e isso se dará com tolerância e boa vontade. O amor-próprio é sempre a melhor postura para se ter êxito, e isso vale para vários setores de sua vida.

De 11 a 20 de junho: Mercúrio em Gêmeos e Marte em Áries no céu impulsionam novas diretrizes e mais ousadia para planejar aquilo que você espera do amanhã. Mentalize com clareza suas intenções, pois essa é a informação que passará a seu cérebro. Vá em frente!

De 21 a 30 de junho: O ambiente doméstico pode estar passando por um momento instável e confuso. Por isso mesmo, evite tomar decisões definitivas, que não serão uma boa solução. Sua imunidade pode estar em baixa, mas evite a automedicação.

De 1º a 10 de julho: Três planetas transpessoais fazem aspectos entre si neste momento, ativando suas Casas III e V. A criatividade e o desejo de inovação estão evidenciados em seu espírito. Os temas espirituais, metafísicos ou místicos despertarão muito o seu interesse.

De 11 a 20 de julho: Sol e Mercúrio juntos propiciam um ciclo de facilidades na comunicação, eloquência e demandas intensas por aprendizado. Tudo o que fizer nesse sentido vai reverberar em sua vida profissional. Aprenda com pessoas que foram mais longe que você.

De 21 a 31 de julho: Sol e Júpiter, seu regente natal, encontram-se agora em Leão, signo do elemento Fogo. Certamente sua motivação de expansão está em alta. Excelente período para contatos ou viagens ao estrangeiro, conhecer outras culturas e reciclar seu *networking*.

De 1º a 10 de agosto: O contato e o convívio com pessoas mais sábias e experientes vão iluminar seu dia a dia. O reconhecimento pelo esforço feito anteriormente será a mola propulsora para novos desafios. A hora da colheita dos frutos deve ser celebrada!

De 11 a 20 de agosto: Vênus em Libra faz ótimos aspectos com Júpiter em Leão e Plutão em Aquário. A ênfase dos elementos Ar e Fogo desses ângulos deve revelar o melhor de você para o mundo. Não tenha receio de assumir mais responsabilidades. Invista na vida artística e cultural.

De 21 a 31 de agosto: O momento agora pede uma dose de recolhimento e reflexão. Isso não é ruim; é apenas uma pausa de assimilação necessária ao excesso de informação recebida. Imprevistos em sua rotina não chegarão a alterar seu humor; veja com mais leveza os contratempos.

De 1º a 10 de setembro: Neste período há no céu um belo trígono entre Júpiter em Leão e Saturno em Áries, signos do elemento Fogo. Sem dúvida, você terá um aumento de sua força vital, assim como da criatividade. Ousadia e coragem são o que diferencia pessoas que se destacam; pense nisso.

De 11 a 20 de setembro: Mercúrio em Libra faz trígono com Plutão em Aquário e movimenta sua vida social, facilitando a comunicação em geral. O contato com o estrangeiro está favorecido. Os cuidados agora são com sua vida amorosa, que precisa de mais atenção.

De 21 a 30 de setembro: Sol em Libra, Plutão em Aquário e Urano em Gêmeos fazem um triângulo, no céu estelar. Essa bela configuração astral vai influenciar positivamente suas novas relações, sejam amigos ou parcerias, de forma surpreendente.

De 1º a 10 de outubro: O ritmo da vida pode se acelerar neste período; será interessante poupar energias físicas e mentais. É possível que nem todos aceitem seu sucesso, por isso mesmo afaste-se de pessoas negativas ou invejosas para se proteger. Tudo tem sua razão de ser.

De 11 a 20 de outubro: Passado o ciclo anterior, já está mais fácil planejar os próximos passos, agora com Saturno e Marte em harmonia no céu – momento em que você poderá assumir novas responsabilidades e levá-las até o fim. O conhecimento aplicado à prática representa sabedoria.

De 21 a 31 de outubro: Mercúrio e Marte estão em ângulo desarmônico no céu. Agora todo o cuidado é pouco com palavras intempestivas que possam ferir quem você quer bem. Não é hora de querer controlar os eventos, tampouco as pessoas. Deixe a vida seguir o próprio ritmo.

De 1º a 10 de novembro: Nada como um dia após o outro, sabendo desfrutar de momentos felizes, que contrastam com períodos mais desafiadores. Júpiter em sextil com Vênus traz justamente essa habilidade, adquirida com as experiências do passado.

De 11 a 20 de novembro: Sol em Sagitário e Marte em Virgem geram uma tendência para julgar ou criticar aquilo que você considera injusto ou errado. O importante é não colocar lente de aumento em tudo o que vê ao redor. O momento está demandando tolerância e flexibilidade.

De 21 a 30 de novembro: Sol e Netuno fazem um aspecto positivo, acionando sua quinta casa, que é associada aos romances e à criatividade. Dias benéficos para fazer investimentos ou pesquisar assuntos metafísicos, espirituais ou filosóficos, que o ajudem a entender o significado e propósito de sua existência.

De 1º a 10 de dezembro: Urano e Plutão reforçam o ciclo anterior, pois os conhecimentos filosóficos e religiosos podem ser muito inspiradores para seu cotidiano. Cuide melhor da saúde, adotando uma alimentação saudável, por exemplo, uma dieta líquida, que é ótima para os dias de calor.

De 11 a 20 de dezembro: Júpiter está favorecendo os ganhos materiais, que serão um reflexo de sua eficiência e bom desempenho no trabalho. Aceite elogios e gratificações, pois você fez por merecer. Seja o protagonista no palco de sua vida, assumindo suas capacidades e talentos com naturalidade.

De 21 a 31 de dezembro: Alguns contratempos e frustrações com pessoas próximas podem deixá-lo bastante desanimado. Tudo isso faz parte da vida, e o melhor é não ter expectativas muito altas em relação ao final de ano; tente um plano B se achar necessário. Estar perto de pessoas que você ama será suficiente!

CAPRICÓRNIO — **22 de dezembro – 20 de janeiro**

EU CONQUISTO — PLANETA REGENTE: Saturno

ELEMENTO: Terra — QUALIDADE: Cardinal

PEDRAS DE PROTEÇÃO: Magnetita e ônix

De 1º a 10 de janeiro: Sol, Vênus, Marte e Mercúrio estão em Capricórnio, configurando o que astrologicamente se chama *stellium*. Nestes dias, você poderá ter mais energia e disposição para tudo. Aproveite para desfrutar momentos de lazer com as pessoas que você ama.

De 11 a 20 de janeiro: Agora, Júpiter em Câncer recebe oposições de Sol e Mercúrio, sinalizando um período em que você deve evitar gastos excessivos que comprometam seu orçamento. Novos amigos podem surgir, e com eles terá a oportunidade de descobrir novos interesses.

De 21 a 31 de janeiro: Nesta fase é provável que você se sinta encorajado ou motivado a fazer investimentos financeiros. Procure a ajuda de pessoas qualificadas para orientá-lo, evitando assim problemas ou riscos de dívidas que possam surgir no futuro.

De 1º a 10 de fevereiro: Ainda de acordo com o ciclo anterior, você deve continuar cauteloso com a vida financeira; gastos inesperados podem surgir. A pressa ou a ansiedade em resolver tudo rápido não serão boas conselheiras. Siga a intuição e o bom senso.

De 11 a 20 de fevereiro: Mercúrio em Peixes faz trígono com Júpiter em Câncer, e esse aspecto lhe conferirá uma mente mais ágil, facilitando a tomada de decisões. Oportunidades para parcerias devem ser consideradas, mesmo sendo momentâneas.

De 21 a 28 de fevereiro: Marte e Urano estão em ângulo de tensão, os quais geralmente causam irritabilidade; coisas banais podem estressá-lo mais do que o habitual. Converse mais e converse com pessoas de sua confiança; essa ação vai pacificar sua mente e seu coração.

De 1º a 10 de março: Mercúrio e Sol juntos na terceira casa fazem bom aspecto com Júpiter. Momento interessante para investir em conhecimentos de seu interesse, ampliar os horizontes e as oportunidades de trabalho. A vida social promete surpresas; não recuse convites para sair e se divertir.

De 11 a 20 de março: Júpiter em quadratura com Vênus em Áries indica um período em que talvez você tenha situações conflitantes em família. Evite levar as críticas para o lado do ressentimento, pois tudo é passageiro. Aproveite para esclarecer pendências do passado.

De 21 a 31 de março: Sol e Saturno em Áries fazem sextil com Plutão em Aquário. Momento favorável para planejar e direcionar seus estudos ou trabalho. Participar de cursos, palestras e seminários, trabalhar seu *networking* – tudo isso vai dinamizar suas motivações futuras.

De 1º a 10 de abril: O contato ou aconselhamento com pessoas com mais experiência será essencial para você alcançar seus objetivos de evolução pessoal. Conhecer mais de tecnologia também será um *upgrade* para seus contatos e estudos, que atualmente são imprescindíveis.

De 11 a 20 de abril: A autoconfiança e a assertividade serão um grande trunfo para você chegar aonde deseja. Quanto mais se conhece e aprova sua forma de ser, mais oportunidades surgem, pois essa é a lei da atração. Ótimo ciclo para viagens rápidas de lazer.

De 21 a 30 de abril: Saturno, Mercúrio e Marte estão em Áries, trazendo um colorido bem típico desse signo, que tem a ver com ações mais ousadas, coragem e iniciativas importantes. Excelente período para tomar decisões que beneficiem seus familiares ou o ambiente doméstico.

De 1º a 10 de maio: Caso surja alguma divergência pessoal no trabalho, mantenha a cabeça fria. Concentre-se na solução do conflito, deixando o pessimismo ou a inveja alheia de lado. Tenha cuidado com palavras irônicas e ríspidas, que podem precipitar discussões sem necessidade.

De 11 a 20 de maio: Sol e Mercúrio fazem sextil com Júpiter, tornando estes dias promissores para parcerias que expandam suas ambições mais ousadas. Sua disposição para assumir mais responsabilidades será admirada e elogiada. Avance dia a dia; a perseverança é a chave dos vencedores.

De 21 a 31 de maio: Neste momento, há certa tendência a irritabilidade e tensão no convívio familiar. Uma viagem rápida para um lugar mais tranquilo poderia ser restauradora. É hora de relaxar mais, pensar menos e tirar a lente de aumento dos problemas.

De 1º a 10 de junho: Vênus e Júpiter estão juntos nestes dias; trata-se de um período favorável para a sua vida amorosa, assumir algum compromisso e deixar o coração livre para novas experiências. Não deixe de investir também em programações artísticas e culturais.

De 11 a 20 de junho: As tendências do ciclo anterior seguem semelhantes, com Vênus fazendo sextil com Urano e trígono com Netuno. A segurança da vida familiar será sua âncora nesta fase. Decisões inovadoras e altruístas irão beneficiar a todos de forma equilibrada.

De 21 a 30 de junho: Certas decepções do passado acabaram por fortalecer seu espírito. Uma vez que ficaram no passado, agora é hora de superá-las e deixar de acreditar que tudo será sempre do mesmo jeito. Este é o momento certo para romper com crenças limitantes e sem serventia.

De 1º a 10 de julho: Marte em conjunção a Urano em Gêmeos transita pela sua sexta casa, relacionada ao trabalho e à saúde. Certamente este é um período adequado para cuidar da alimentação. Fuja de alimentos processados, açúcar e carboidratos.

De 11 a 20 de julho: Aspectos favoráveis entre os planetas transpessoais Urano, Netuno e Plutão significam ciclos de mais inovação em tudo o que fizer. Não tenha receio de questionar seus valores ou buscar alternativas para aumentar sua renda. É hora de pensar e agir por conta própria.

De 21 a 31 de julho: Sol e Júpiter estão em Leão, reforçando este ciclo de transformações relevantes. Você poderá descobrir talentos ainda desconhecidos, o que lhe proverá de mais autoestima e poder pessoal. Gostar de si mesmo será um salto qualitativo em sua vida!

De 1º a 10 de agosto: Mercúrio agora está em movimento direto, facilitando a comunicação. Período bom para fazer planos e bons negócios. O Sol em trígono com Saturno indica que sua tenacidade e eficiência darão bons frutos. Dias positivos para tratar de assuntos patrimoniais.

De 11 a 20 de agosto: Este é um ciclo muito dinâmico, com vários aspectos de Vênus com outros planetas. O "diálogo" entre Vênus e Júpiter traz a promessa de ações generosas e otimistas em relação a todos. Você poderá participar de grupos cujos interesses estejam voltados para a coletividade.

De 21 a 31 de agosto: Agora pode se dar um período de introspecção também significativo. Alguns planos podem demorar a se concretizar e, desta feita, você terá de ser mais perseverante. Saber recuar temporariamente é sinônimo de inteligência emocional; não se esqueça dessa premissa.

De 1º a 10 de setembro: O aspecto marcante da semana vem a ser Júpiter em Leão em trígono com Saturno em Áries, ambos em signos de Fogo. Neste momento já é possível assumir mais responsabilidades, pois haverá um tempo maior para que tudo seja executado.

De 11 a 20 de setembro: Plutão e Mercúrio em harmonia trazem facilidade para tratar de assuntos que demandam mais reflexão e cuidado. Bom momento para a divulgação de informações sobre seu trabalho, assim como para acordos, bons contratos e negócios rápidos.

De 21 a 30 de setembro: O céu estelar é positivo e coincide com o início da primavera. Sol em Libra faz trígono com Urano e Plutão, todos em signos de Ar, movimentando seu trabalho de forma inovadora e elaborada. Sua dedicação será fundamental para a rapidez dos resultados.

De 1º a 10 de outubro: O planeta Plutão recebe aspectos difíceis de Marte e Mercúrio neste ciclo. Você precisará contornar dificuldades que independem de sua intuição. Pense muito antes de falar o que deseja, pois no momento talvez o silêncio seja a sua melhor resposta.

De 11 a 20 de outubro: A confiança nas soluções está chegando. Seu otimismo e perseverança vão fazer toda a diferença no desenrolar dos eventos. No tempo certo, tudo se encaminhará, e essa é a sabedoria de quem já venceu batalhas no passado. Siga em frente!

De 21 a 31 de outubro: Mercúrio está retrógrado novamente, e algumas questões do início do mês ainda estão pendentes. Com mais calma e discernimento, os variados temas vão se organizando. Com diplomacia, você conseguirá bons resultados. Não faça compras desnecessárias.

De 1º a 10 de novembro: Este momento traz relevância para sua vida social e afetiva. Júpiter em sextil com Vênus sinaliza surpresas de Cupido, as quais você não deve deixar passar em branco. Sol e Mercúrio transitam na casa dos planos para o futuro; é a hora certa para fazer novas amizades.

De 11 a 20 de novembro: Marte e Júpiter estão juntos em Leão, em quadratura com o Sol em Escorpião, dois signos fixos. Neste período há tendência para julgamentos muito tendenciosos e até dramáticos, que poderão resultar em rupturas. É melhor recuar e fazer bom uso da razão.

De 21 a 30 de novembro: Neste final de mês, o Sol está em Sagitário, em bom aspecto com Urano e Plutão, indicando ventos mais harmoniosos nos relacionamentos em geral. Vênus e Mercúrio voltam ao movimento direto, fazendo fluir a comunicação, os bons acordos e os encontros prazerosos.

De 1º a 10 de dezembro: Este é um ciclo que favorece os investimentos de longo prazo; siga sua intuição, ou a orientação de pessoas que atuam nessa área. Sol em trígono com Saturno traz relevância para o encontro com pessoas do passado ou familiares queridos.

De 11 a 20 de dezembro: O Sol faz aspecto positivo com Júpiter, ambos em signos de Fogo, e Mercúrio está em trígono com Saturno, seu regente solar. Momento favorável para tratar de assuntos jurídicos, que demandem tempo e resiliência. Mantenha seu espírito no "modo" otimista, atraindo assim aquilo que é melhor para você e sua família.

De 21 a 31 de dezembro: Mercúrio e Sol estão em um ângulo difícil com Saturno, o que pode gerar a necessidade de mais silêncio e tranquilidade. Estar com mau humor em festas de final de ano talvez não seja o mais adequado. Procure se adaptar ao que houver sem grandes expectativas.

AQUÁRIO — **21 de janeiro – 19 de fevereiro**

EU CONHEÇO — PLANETA REGENTE: Urano

ELEMENTO: Ar — QUALIDADE: Fixo

PEDRAS DE PROTEÇÃO: Fluorita e sodalita

De 1º a 10 de janeiro: Neste ciclo, talvez você não se sinta muito animado, ou tenha sensação de pouca vitalidade física. No entanto, aproveite o momento para uma reflexão ou introspecção, para cuidar de si mesmo. Fique atento a sua alimentação e programe suas atividades físicas para começar bem o ano!

De 11 a 20 de janeiro: Mercúrio e Sol fazem oposição a Júpiter, que ocupa a casa do trabalho, de sua rotina de obrigações e dos compromissos em geral. Sol em trígono com Urano, seu regente solar, traz uma motivação para mudanças, com a superação de crenças já ultrapassadas.

De 21 a 31 de janeiro: O Sol em conjunção a Plutão em Aquário fazendo sextil com Netuno em Áries reafirma seu desejo por inovações no dia a dia. Procure observar os caminhos da sua mente, colocando os pensamentos no caminho da positividade.

De 1º a 10 de fevereiro: A vida familiar pode estar passando por momentos delicados; todo cuidado é pouco com palavras de crítica ou intolerância. Pessoas queridas não devem ser o alvo de suas frustrações. Faça mais exercícios ao ar livre; medite e respire melhor para poder relaxar.

De 11 a 20 de fevereiro: Apesar de tudo já estar encaminhado em sua vida pessoal, agora você pode contar também com apoios importantes.

Sentir-se acolhido é essencial, e procurar ajuda é sinal de autoestima. O orgulho tem sua hora e contexto, mas agora evite discussões inúteis.

De 21 a 28 de fevereiro: Vênus em trígono com Júpiter no céu, ambos em signos de Água, sinalizam uma atmosfera de mais compreensão e boa vontade com todos. E a recíproca atua da mesma forma, criando um ambiente familiar mais pacífico e feliz.

De 1º a 10 de março: Os aspectos celestes estão favoráveis para você avançar no campo financeiro e fazer boas negociações. Sol em trígono com Júpiter vai expandir sua vida social. Invista mais em seu *networking* ou em parcerias temporárias; novas amizades podem surgir.

De 11 a 20 de março: Neste momento, convém continuar concentrado em melhorar sua renda; faça investimentos de curto prazo e com mais cautela. O convívio com irmãos ou primos será bem enriquecedor. Momento bom para aprender, estudar e fazer viagens rápidas.

De 21 a 31 de março: Sol e Saturno fazem sextil com Plutão, que está na sua primeira casa. Neste ciclo, você poderá descobrir talentos que desconhecia. Pense grande e amplie seus sonhos; a ambição inteligente traz prosperidade!

De 1º a 10 de abril: Sol e Júpiter em tensão podem trazer um ciclo de divergências e contrariedades que o deixarão frustrado, com a sensação de não ser compreendido. Procure dar mais atenção à vida amorosa, sem deixar que os desentendimentos perdurem por tempo demais.

De 11 a 20 de abril: Marte e Plutão fazem um sextil no céu, e essa configuração é ótima para tudo que deseja planejar e estruturar de maneira criativa e eficiente. Não despreze sua intuição lembrando que tudo tem a hora certa para acontecer.

De 21 a 30 de abril: Saturno, Mercúrio e Marte encontram-se em Áries, abrindo sua mente para coisas desconhecidas. Não procrastine suas iniciativas, e compartilhe suas experiências com pessoas de sua confiança. Vênus em trígono com Plutão indica uma fase mais prazerosa na vida a dois.

De 1º a 10 de maio: Marte e Júpiter estão em ângulo de tensão, promovendo um clima de brigas e hostilidades com pessoas do trabalho. Não leve isso para o lado pessoal, nem se sinta ofendido por qualquer coisa. O calor do momento pode tornar as coisas ainda mais complicadas.

De 11 a 20 de maio: O planeta Mercúrio faz bons aspectos nestes dias, e isso coloca em ordem as questões que envolvem a comunicação, favorecendo acordos e o planejamento para negócios. Organize seus documentos, deixando-os em dia.

De 21 a 31 de maio: Saturno e Netuno fazem uma quadratura com Vênus neste período, deixando a vida sentimental confusa. A maneira de contornar a situação é baixar as expectativas, guardando as carências na gaveta. Lembre-se que o amor-próprio é o melhor antídoto para esta fase.

De 1º a 10 de junho: O reencontro com pessoas do passado deve ser prazeroso. Sempre é bom atualizar informações com pessoas queridas que nos querem bem de verdade. Isso vale também para a vida familiar, que tende a estar tranquila. Deixe sua casa mais aconchegante para visitas!

De 11 a 20 de junho: Ainda que surjam algumas diferenças e faíscas na vida a dois, isso será passageiro; às vezes é melhor explicitar com rapidez aquilo que o está incomodando. O ciclo é favorável para investir em programas culturais, como música, cinema e artes visuais em geral.

De 21 a 30 de junho: Sol e Netuno em tensão sinalizam um momento no qual seu corpo pode sofrer baixa imunológica. Fique atento ao que está ocorrendo, evitando carboidratos e alimentos processados. Planeje uma viagem de lazer para repor as energias.

De 1º a 10 de julho: Ciclo bastante favorável para viajar e conhecer lugares diferentes e se movimentar mais. Marte em trígono com Plutão traz dinamismo à sua vida e demandas por desafios, mostrando que você possui recursos e talentos até então desconhecidos. Canalize isso para a vida profissional.

De 11 a 20 de julho: Netuno está em trígono com Júpiter, que entrou em Leão. Este é um ciclo em que você estará mais entusiasmado e confiante em relação a seus projetos ou parcerias. Período de mais criatividade e determinação para chegar aonde sonhou estar. O contato com pessoas espiritualizadas também será importante.

De 21 a 31 de julho: O Sol, ao lado de Júpiter em Leão, faz bons aspectos com Urano em Gêmeos e Netuno em Áries. Certamente, você continuará energizado, otimista e vibrante, buscando caminhos que lhe sejam mais significativos.

De 1º a 10 de agosto: Momento bem especial para o autoconhecimento. Assuntos de natureza mística ou psicológica podem levá-lo a experiências importantes. O aconselhamento ou aprendizado com pessoas mais sábias e vividas será bastante motivador.

De 11 a 20 de agosto: Mercúrio está caminhando muito rápido e faz vários aspectos positivos nestes dias. Aproveite para ampliar seus conhecimentos com boas leituras e cursos *on-line*. Este *upgrade* lhe trará mais qualificação e segurança para assumir novas responsabilidades.

De 21 a 31 de agosto: Este momento pede muita atenção aos seus aparelhos eletrônicos, uma vez que eles podem sofrer algum tipo de dano. Faça atualizações ou cópias de documentos importantes. Se for preciso, altere sua agenda, remarcando compromissos.

De 1º a 10 de setembro: O céu estelar nos oferece um trígono entre Júpiter e Saturno em um signo de Fogo, além de Mercúrio em sextil com Marte. Sendo assim, o momento é excelente para tomada de decisões que tragam benefícios no longo prazo. Suas iniciativas e coragem vão inspirar os colegas nas tarefas cotidianas.

De 11 a 20 de setembro: Um aspecto difícil entre Plutão e Vênus poderá trazer conflitos delicados de ordem emocional. Certas coisas que ficaram "engavetadas" muito tempo em sua alma agora precisam ser observadas com atenção.

De 21 a 30 de setembro: O Sol em Libra marca o início da primavera, que é sempre um ciclo de renovação de vida. Ele faz trígono com Urano e Plutão ao mesmo tempo, configurando mudanças relevantes em sua visão de mundo e na expansão de sua consciência.

De 1º a 10 de outubro: Agora o céu estelar vai exigir de você muita paciência e temperança para lidar com os obstáculos. Planos ou projetos podem atrasar, gerando frustração. O melhor a fazer é não procurar culpados e evitar discussões para seu bem-estar.

De 11 a 20 de outubro: Saturno em trígono com Marte é um indício de que suas realizações vão voltar ao ritmo que você gostaria. Nada melhor que a perseverança – a marca dos fortes. A vida amorosa passa por instabilidades, tenha a sabedoria de não querer controlar os acontecimentos.

De 21 a 31 de outubro: Mercúrio entrou em movimento retrógrado em Escorpião, e as demandas profissionais são de revisão e reorganização. Assim, você poderá aperfeiçoar os projetos inacabados ou futuros. Tudo tem a sua razão de ser.

De 1º a 10 de novembro: O mês tem início com Júpiter em Leão em sextil com Vênus em Libra, que por sua vez faz sextil com Marte. Este ciclo é auspicioso para fazer os ajustes necessários nos temas afetivos. Boa vontade e compreensão serão bons conselheiros.

De 11 a 20 de novembro: Mercúrio e Vênus voltam ao movimento direto, dinamizando a vida social, os contatos e encontros produtivos. O contato com o estrangeiro está favorecido com Marte em conjunção a Júpiter no céu. Sua postura positiva e confiante fará toda a diferença.

De 21 a 30 de novembro: O Sol faz sextil com Plutão e trígono com Netuno nestes dias, que também são marcados pela Lua Cheia junto a Urano. Um momento dinâmico, com oportunidades de expansão nas relações e motivação para empreendimentos em geral. Excelente período para a vida cultural e o entretenimento.

De 1º a 10 de dezembro: No céu estelar temos a quadratura entre Mercúrio e Júpiter em signos fixos. Isso significa uma tendência a divergências de opiniões e falta de jogo de cintura para se adaptar ao que a vida traz. O período demanda menos intolerância e mais compreensão.

De 11 a 20 de dezembro: Aqui temos um ciclo auspicioso para a superação das dificuldades do período anterior com o trígono entre Júpiter e Sol. Essa configuração representa um momento de otimismo, fé e confiança, levando em conta uma visão mais espiritualizada da vida.

De 21 a 31 de dezembro: Os aspectos planetários destes dias são difíceis e envolvem Mercúrio, Sol e Saturno em ângulos tensos. A exigência é de menos apego a datas e opiniões rígidas, e de mais compreensão com as pessoas. Aproveite para estar consigo mesmo, meditar, descansar, refletir sobre o que gostaria de ter realizado ou simplesmente agradecer pelas conquistas já feitas.

PEIXES | **20 de fevereiro – 20 de março**
EU CREIO | PLANETA REGENTE: Netuno
ELEMENTO: Água | QUALIDADE: Mutável
PEDRAS DE PROTEÇÃO: Água-marinha e turquesa

De 1º a 10 de janeiro: Alguns planetas em Capricórnio confirmam que a perseverança é a palavra-chave dos vencedores. A vontade de realizar algo prevalecerá sobre as dificuldades que possam surgir. Não procrastine suas iniciativas e terá surpresas no curto prazo.

De 11 a 20 de janeiro: O ritmo dos acontecimentos segue intenso, com muitas novidades. No entanto, certas divergências de opinião podem deixá-lo contrariado ou irredutível. Foque mais naquilo que já está dando certo, pois o tempo vai resolver e contornar esses obstáculos; siga com calma.

De 21 a 31 de janeiro: Uma visão mais abrangente e racional de seus relacionamentos será marcante neste ciclo. O *stellium* em Aquário e o sextil entre Saturno e Urano o deixarão mais sensível e reflexivo. Respeite a necessidade de estar mais tempo sozinho; siga sua intuição pisciana.

De 1º a 10 de fevereiro: Urano ocupa a terceira casa e está pressionado por Vênus e Mercúrio nestes dias. A melhor coisa a fazer é não entrar em discussões quando surgir algo que o contrarie. O estresse sempre impede decisões objetivas, pois as emoções ficam em primeiro plano.

De 11 a 20 de fevereiro: Com a conjunção de Saturno e Netuno é preciso compreender que o individualismo exacerbado não trará soluções para seu cotidiano. Ao contrário, compartilhe mais seus conhecimentos, gerando uma energia de colaboração e boa vontade ao redor.

De 21 a 28 de fevereiro: Vênus está fazendo bons aspectos com Júpiter e Mercúrio nesta fase. As perspectivas de vida social se expandem, e é importante você ter abertura para encontrar alguém especial, se for esse o caso. O contato com pessoas de outras culturas pode mudar sua visão de mundo.

De 1º a 10 de março: A fase de expansão em seus conhecimentos segue forte com o Sol em conjunção a Mercúrio e em trígono com Júpiter. Procure ter mais clareza de onde quer chegar e, assim, viabilizar os recursos necessários para tal. Siga confiante, agindo de modo altruísta, pois o universo tende a responder na mesma frequência.

De 11 a 20 de março: Mercúrio e Marte estão em seu signo solar, indicando mais sensibilidade e empatia no trato com as pessoas. O sextil entre Sol em Peixes e Urano em Touro é ótimo para planejar sua vida intelectual e o aprendizado de temas de seu interesse. Esteja receptivo aos sinais de sincronicidade que vão operar a seu favor.

De 21 a 31 de março: O Sol vai se unir a Saturno em Áries e fará um sextil com Plutão em Aquário. Momento de mais poder pessoal, capacidade de persuasão ou iniciativas arrojadas que abrirão novos caminhos. O período é interessante também para investimentos financeiros de longo prazo.

De 1º a 10 de abril: O ciclo de movimentação e positividade continua em alta. O importante agora é conter a confiança excessiva de que tudo vai dar certo para sempre. Caso surjam obstáculos, recue e avalie suas ações para direcionar melhor seus objetivos.

De 11 a 20 de abril: Marte entrando em Áries faz conjunção a Netuno e sextil com Plutão, ativando os elementos Fogo e Ar simultaneamente. Serão dias bem dinâmicos, em que você poderá impulsionar os que estão a sua volta. Você também poderá tomar as rédeas de sua vida.

De 21 a 30 de abril: Saturno agora faz conjunção a Mercúrio e Marte, e Vênus está ao lado de Urano em Gêmeos. Certamente este é um bom período para inícios, por isso, dê o *start* naquilo que já foi idealizado. Vênus e Urano também corroboram o desejo de fazer mudanças ou reformas em sua moradia; aproveite!

De 1º a 10 de maio: O ciclo atual exige discernimento e cuidado com as palavras; isso fará toda a diferença para a tomada de decisões inteligentes. Marte em tensão com Júpiter também indica ser mais indicado não levar para o lado pessoal as divergências de opiniões. Siga seus propósitos com fé.

De 11 a 20 de maio: Vários aspectos positivos de Mercúrio nesta fase sinalizam facilidade na comunicação, além do favorecimento de acordos e negócios. Aproveite para divulgar seu trabalho nas redes sociais e aprofundar seus conhecimentos em algum assunto que lhe interesse.

De 21 a 31 de maio: Vênus entrou no signo de Câncer e faz ângulos difíceis com Netuno e Saturno em Áries. Momento em que assuntos do passado não resolvidos aparecerão, devendo ser considerados. Evite a vitimização; é hora de amadurecer, aprender com os erros e olhar para a frente.

De 1º a 10 de junho: Com o término de algumas ilusões e enganos, o Sol pode brilhar novamente em sua vida. Júpiter se encontra com Vênus em Câncer, propiciando surpresas de Cupido: uma paixão repentina. Não fuja de convites para se divertir.

De 11 a 20 de junho: Vênus agora está em Leão, e a atmosfera para um romance segue em alta. O convívio com pessoas criativas também se torna inspirador. O importante é não se deixar levar só por carência; o amor-próprio sempre é essencial no jogo amoroso.

De 21 a 30 de junho: O Sol está fazendo quadratura com Netuno em Áries, e a Lua Cheia em Capricórnio vai intensificar suas emoções, deixando-as confusas ou instáveis. Procure não exigir demais dos outros, valorizando a tolerância, a diplomacia e a fidelidade do amor que se constrói no dia a dia.

De 1º a 10 de julho: O planeta Marte está ao lado de Urano em Gêmeos em aspectos positivos com Netuno e Plutão. Nesta fase, há um grande ímpeto para realizações e iniciativas, além de mais ousadia para concretizá-las. A assertividade será seu trunfo, mas confie na sua intuição.

De 11 a 20 de julho: A Lua está em fase Minguante, e o Sol e Mercúrio transitam em Câncer. O período sugere a necessidade de introspecção, ou seja, ficar em casa, sentindo prazer na própria companhia. Aproveite para ler, estudar, dar mais atenção aos familiares. Essa proximidade trará bons frutos.

De 21 a 31 de julho: O Sol vai ao encontro de Júpiter, que adentrou o signo de Leão e se encontra em trígono com Netuno em Sagitário. Momento auspicioso para investir em conhecimentos espirituais ou filosóficos que possam direcioná-lo na busca por propósitos mais nobres, voltados para o coletivo.

De 1º a 10 de agosto: O Sol agora faz um bom aspecto com Saturno em Áries, propiciando a realização, no mundo visível, das motivações do ciclo anterior. Período de mais sabedoria, em que você assumirá novas responsabilidades, exercitando a perseverança e a disciplina.

De 11 a 20 de agosto: Vênus em Libra e Mercúrio em Leão estão muito ativos neste ciclo, favorecendo as interações sociais e intelectuais. Associações e parcerias criativas são uma boa pedida, assim como ações generosas, flexibilidade e inteligência para ter êxito em suas obras.

De 21 a 31 de agosto: Um aspecto entre Vênus e Saturno pode ser um freio no ritmo acelerado do ciclo anterior. Faça uma pausa para reavaliar o que ainda pode ser aperfeiçoado. Ouça os colegas e não deixe a pressa nem o sentido de urgência prejudicar seus relacionamentos.

De 1º a 10 de setembro: Júpiter em trígono com Saturno faz um ângulo harmonioso em signos de Fogo. Certamente você continuará inspirado e confiante para os projetos de trabalho, em especial os de longo prazo. Encontros com amigos de longa data serão uma alegria para sua alma.

De 11 a 20 de setembro: Marte em Câncer faz Sextil com Sol em Virgem, capacitando-o a ações mais pragmáticas no trabalho. Sua eficiência estará a serviço de bons resultados, pois você fez um ótimo trabalho prévio. Netuno em sextil com Plutão favorece investimentos financeiros.

De 21 a 30 de setembro: O Sol em Libra está fazendo trígono com Urano e Plutão neste início de primavera. Você estará receptivo a mudanças profundas em seus propósitos existenciais. Está satisfeito com seu trabalho? Agora é um bom momento para mudar, se achar necessário.

De 1º a 10 de outubro: Esteja mais atento, pois um ciclo de imprevistos difíceis de serem controlados pode surgir. Não assuma mais responsabilidades além das que já possui. É preciso conter gastos desnecessários, pois algo que peça urgência poderá desorganizar seu orçamento.

De 11 a 20 de outubro: Marte em Leão em trígono com Saturno em Áries tende a trazer mais equilíbrio e poder de decisão aos eventos cotidianos. Aja com prudência e discernimento, resolvendo as coisas por etapas. Resiliência é a palavra-chave para esta fase. Projete positividade; o melhor não demorará a chegar!

De 21 a 31 de outubro: Mercúrio e Marte estão indicando impaciência e irritabilidade nas palavras. O antídoto agora é tolerância e jogo de cintura para não jogar mais lenha na fogueira. A diplomacia será bem-vinda, e recuar é uma estratégia de inteligência emocional.

De 1º a 10 de novembro: Nesta fase, com Júpiter em Leão em sextil com Vênus em Libra, as peças vão se encaixando com mais harmonia na construção do seu dia a dia. Sol e Mercúrio na Casa IX favorecem as viagens de longa distância, o contato com outras culturas e os temas filosóficos, psicológicos ou espirituais.

De 11 a 20 de novembro: Mercúrio e Vênus em movimento direto facilitam a vida social, os encontros e as trocas de informação enriquecedoras. Marte ao lado de Júpiter confirma essa tendência de mais confiança e receptividade a temas místicos ou humanitários. Vá em frente!

De 21 a 30 de novembro: Urano em trígono com Plutão no céu traz a promessa de mudanças positivas à vida familiar, que têm a ver com o desejo de mais liberdade ou novos ares em seu cotidiano; quem sabe outra moradia em uma cidade diferente? Júpiter e Vênus favorecem a vida cultural.

De 1º a 10 de dezembro: O ciclo favorável para mudanças ainda permanece. Você pode se surpreender com talentos desconhecidos até então. Seu poder pessoal vai atrair aquilo que está desejando para sua vida. Mesmo que se sinta compreendido por todos, não desista de suas convicções.

De 11 a 20 de dezembro: O Sol faz trígono com Júpiter, sinalizando fé e positividade em tudo o que você faz. Isso vai se refletir também na vida profissional, em que o reconhecimento chegará por meio de elogios ou gratificações. Fique de olho no excesso de bebidas alcoólicas ou alimentos pesados.

De 21 a 31 de dezembro: O final do ano pode não ser como havia planejado, mas não deixe que a frustração jogue sua energia para baixo. Se for possível, organize um plano B e vá diminuindo as expectativas. Não desanime; a capacidade de adaptação será a prova de sua inteligência emocional.

Descubra o seu Ascendente

O signo solar representa o potencial de nossa vida. Saber isso, no entanto, não basta. Para termos uma visão completa das possibilidades com que os astros nos acenam, precisamos levar em conta todo o Sistema Solar, tal como ele se apresenta no mapa astral. Talvez o Sol seja o corpo celeste mais importante na Astrologia, pois ele mostra nossa personalidade mais profunda; no entanto, é imprescindível conhecer o signo que, na hora e no local do nosso nascimento, despontava no horizonte leste. Esse é o signo Ascendente, que determinará o "horizonte" pessoal, ou seja, nosso ponto de vista particular com relação à vida.

A seguir serão apresentadas tabelas práticas e fáceis com as quais você poderá descobrir, *com precisão relativa*, qual é o seu Ascendente. Caso o Ascendente indicado na tabela não corresponda muito bem à sua personalidade, verifique também os signos imediatamente anterior e posterior.

Como usar as tabelas

❶ Descubra na Tabela 1 se você nasceu no horário de verão. Nesse caso, subtraia 1 hora do horário do seu nascimento.

❷ De acordo com o Estado em que você nasceu, some ou subtraia do horário do seu nascimento o número indicado na coluna de correção de horário constante da Tabela 2.

❸ Consulte a Tabela 3 caso você tenha nascido no período diurno, ou a Tabela 4, caso seu nascimento tenha ocorrido no período noturno.

❹ Encontre seu signo solar na primeira coluna.

❺ Siga pela linha do seu signo solar até a coluna que apresenta a hora aproximada do seu nascimento.

TABELA 1
Períodos em que o horário de verão foi adotado
03 out. 31, às 11h00 a 31 mar. 32, às 24h00
03 out. 32, às 23h00 a 31 mar. 33, às 24h00
01 dez. 49, à 00h00 a 16 abr 50, às 24h00
01 dez. 50, à 00h00 a 28 fev. 51, às 24h00
01 dez. 51, à 00h00 a 28 fev. 52, às 24h00
01 dez. 52, à 00h00 a 28 fev. 53, às 24h00
23 out. 63, à 00h00 a 01 mar. 64, às 24h00[1]
09 dez. 63, à 00h00 a 01 mar. 64, às 24h00[2]
31 jan. 65, à 00h00 a 31 mar. 65, às 24h00
30 nov. 65, à 00h00 a 31 mar. 66, às 24h00
01 nov. 66, à 00h00 a 01 mar. 67, às 24h00
01 nov. 67, à 00h00 a 01 mar. 68, às 24h00
02 nov. 85, à 00h00 a 15 mar. 86, às 24h00
24 out. 86, à 00h00 a 14 fev. 87, às 24h00
25 out. 87, à 00h00 a 07 fev. 88, às 24h00
16 out. 88, à 00h00 a 29 jan. 89, às 24h00
15 out. 89, à 00h00 a 11 fev. 90, às 24h00
21 out. 90, à 00h00 a 17 fev. 91, às 24h00
20 out. 91, à 00h00 a 19 fev. 92, às 24h00
25 out. 92, à 00h00 a 31 jan. 93, às 24h00
17 out. 93, à 00h00 a 20 fev. 94, às 24h00
16 out. 94, à 00h00 a 19 fev. 95, às 24h00
15 out. 95, à 00h00 a 11 fev. 96, às 24h00
06 out. 96, à 00h00 a 16 fev. 97, às 24h00
06 out. 97, à 00h00 a 01 mar. 98, às 24h00
11 out. 98, à 00h00 a 21 fev. 99, às 24h00
03 out. 99, à 00h00 a 27 fev. 00, às 24h00
08 out. 00, à 00h00 a 18 fev. 01, às 24h00
14 out. 01, à 00h00 a 17 fev. 02, às 24h00
03 nov. 02, à 00h00 a 16 fev. 03, às 24h00
18 out. 03, à 00h00 a 14 fev. 04, às 24h00
02 nov. 04, à 00h00 a 20 fev. 05, às 24h00
16 out. 05, à 00h00 a 18 fev. 06, às 24h00
05 nov. 06, à 00h00 a 24 fev. 07, às 24h00
14 out. 07, à 00h00 a 17 fev. 08, às 24h00
18 out. 08, à 00h00 a 15 fev. 09, às 24h00
18 out. 09, à 00h00 a 21 fev. 10, às 24h00
17 out. 10, à 00h00 a 20 fev. 11, às 24h00
16 out. 11, à 00h00 a 26 fev. 12, às 24h00
21 out. 12, à 00h00 a 17 fev. 13, às 24h00
19 out. 13, à 00h00 a 16 fev. 14, às 24h00
18 out. 14, à 00h00 a 22 fev. 15, às 24h00
18 out. 15, à 00h00 a 21 fev. 16, às 24h00
16 out. 16, à 00h00 a 19 fev. 17, às 24h00
15 out. 17, à 00h00 a 18 fev. 18, às 24h00
21 out. 18, à 00h00 a 17 fev. 19, às 24h00

TABELA 2		
Estados	**Correção**	**Latitude**
Acre	+ 29 min	10 graus
Alagoas	+ 37 min	9 graus
Amapá	– 24 min	0 graus (Equador)
Amazonas	–	3 graus
Bahia	+ 26 min	13 graus
Ceará	+ 26 min	3 graus
Distrito Federal	– 12 min	15 graus
Espírito Santo	+ 19 min	20 graus
Goiás	– 17 min	16 graus
Maranhão	+ 3 min	3 graus
Mato Grosso	+ 16 min	15 graus
Minas Gerais	+ 4 min	19 graus
Pará	– 14 min	2 graus
Paraíba	+ 40 min	7 graus
Paraná	– 17 min	25 graus
Pernambuco	+ 40 min	8 graus
Piauí	+ 9 min	5 graus
Rio Grande do Norte	+ 39 min	5 graus
Rio Grande do Sul	– 25 min	30 graus
Rio de Janeiro	+ 7 min	23 graus
Rondônia	– 3 min	9 graus
Roraima	16 min	3 graus (N)
Santa Catarina	– 14 min	28 graus
São Paulo	– 6 min	23 graus
Sergipe	+ 32 min	10 graus
Tocantins	– 17 min	10 graus

(1) Só SP, MG, RJ e ES.
(2) Todos os demais Estados.
Até a data do fechamento deste exemplar não foi confirmado o horário de verão 2025/2026.

TABELA 3 – HORÁRIO DIURNO

Seu signo solar	6h31/8h30	8h31/10h30	10h31/12h30	12h31/14h30	14h31/16h30	16h31/18h30
Áries	Touro	Gêmeos	Câncer	Leão	Virgem	Libra
Touro	Gêmeos	Câncer	Leão	Virgem	Libra	Escorpião
Gêmeos	Câncer	Leão	Virgem	Libra	Escorpião	Sagitário
Câncer	Leão	Virgem	Libra	Escorpião	Sagitário	Capricórnio
Leão	Virgem	Libra	Escorpião	Sagitário	Capricórnio	Aquário
Virgem	Libra	Escorpião	Sagitário	Capricórnio	Aquário	Peixes
Libra	Escorpião	Sagitário	Capricórnio	Aquário	Peixes	Áries
Escorpião	Sagitário	Capricórnio	Aquário	Peixes	Áries	Touro
Sagitário	Capricórnio	Aquário	Peixes	Áries	Touro	Gêmeos
Capricórnio	Aquário	Peixes	Áries	Touro	Gêmeos	Câncer
Aquário	Peixes	Áries	Touro	Gêmeos	Câncer	Leão
Peixes	Áries	Touro	Gêmeos	Câncer	Leão	Virgem

TABELA 4 – HORÁRIO NORTURNO

Seu signo solar	18h31/20h30	20h31/22h30	22h31/00h30	00h31/2h30	2h31/4h30	4h31/6h30
Áries	Escorpião	Sagitário	Capricórnio	Aquário	Peixes	Áries
Touro	Sagitário	Capricórnio	Aquário	Peixes	Áries	Touro
Gêmeos	Capricórnio	Aquário	Peixes	Áries	Touro	Gêmeos
Câncer	Aquário	Peixes	Áries	Touro	Gêmeos	Câncer
Leão	Peixes	Áries	Touro	Gêmeos	Câncer	Leão
Virgem	Áries	Touro	Gêmeos	Câncer	Leão	Virgem
Libra	Touro	Gêmeos	Câncer	Leão	Virgem	Libra
Escorpião	Gêmeos	Câncer	Leão	Virgem	Libra	Escorpião
Sagitário	Câncer	Leão	Virgem	Libra	Escorpião	Sagitário
Capricórnio	Leão	Virgem	Libra	Escorpião	Sagitário	Capricórnio
Aquário	Virgem	Libra	Escorpião	Sagitário	Capricórnio	Aquário
Peixes	Libra	Escorpião	Sagitário	Capricórnio	Aquário	Peixes

GUIA ASTRAL PARA 2026

As informações a seguir se referem aos aspectos que o Sol, a Lua e os planetas formam entre si diariamente. Para melhor aproveitamento dessas informações, verifique na seção "Regências planetárias", na p. 156, a relação de planetas, atividades e assuntos que são regidos por eles.

Aqui são observados e interpretados os trânsitos da Lua, que se move rapidamente, e dos demais planetas em um único dia. Esse fato faz com que as interpretações deste *Guia* e das previsões astrológicas por vezes pareçam contraditórias entre si; no entanto, elas são complementares.

JANEIRO

1º O ano 2026 inicia na Lua Crescente em Gêmeos com diferentes perspectivas de mundo e acesso a novas ideias que nos desafiam a mudanças. **Favorável para Plutão.**

2 Sintonize-se com as suas emoções. O elemento Água nos envolve com encanto, doçura e sensibilidade, favorecendo encontros amorosos e de família. Crie boas memórias. **Favorável para Lua e Júpiter.**

3 A Lua Cheia em Câncer acontece em conjunção a Júpiter e favorece as vontades, que vão ganhando força para se materializarem no tempo certo. Esta é a Lua da magia e do poder da intenção. **Favorável para Lua e Júpiter.**

4 Alguns passos mais ousados podem ser necessários, mas primeiro assegure-se de que terá forças suficientes para sustentar aquilo que se propõe a fazer. Se você tem consciência da sua capacidade, continue. **Favorável para Saturno e Netuno.**

5 Algumas mudanças não vêm exatamente como esperávamos e podemos resistir a elas. Mas há mudanças que são justamente a resposta que buscávamos. **Favorável para Urano e Plutão.**

6 Cuidado com a intolerância e a crítica; essas atitudes podem revelar que nos sentimos intimidados pelos outros apenas porque ainda não confiamos o suficiente em nós mesmos. Procure ser mais gentil. **Favorável para Mercúrio e Vênus.**

7 Este é um ótimo dia para se concentrar nas suas metas para o novo ano, fazer planejamentos possíveis de cumprir e visualizar seus desejos tomando forma. **Favorável para Marte.**

8 Trabalho e produtividade são importantes, mas também precisamos dar atenção às coisas simples e às gentilezas que podem passar despercebidas na correria do dia a dia. Cuide bem do corpo e da mente. **Favorável para Sol e Vênus.**

9 Estar disponível para conversar e ouvir, com respeito e abertura para entender o ponto de vista da outra pessoa, pode transformar suas relações. É possível ter relações harmoniosas mesmo divergindo de opinião. **Desfavorável para Vênus.**

10 Suas relações podem estar passando por reflexões significativas. Avalie como você vem se posicionando com as pessoas para melhorar os relacionamentos e torná-los uma fonte de alegria. **Desfavorável para Júpiter.**

11 Prestar atenção aos próprios sentimentos e à expressão deles talvez seja difícil para algumas pessoas, mas à medida que nos dedicamos a essa observação também vamos aprendendo algo importante: a autorregulação emocional. **Desfavorável para a Lua.**

12 Alguns pensamentos podem estar se repetindo nos últimos dias, apontando caminhos de crescimento. Dê ouvidos a essa voz interna; nossa intuição é poderosa e há oportunidades que acontecem só uma vez. **Favorável para Mercúrio.**

13 Este é um bom dia para planejar melhor suas finanças a fim de otimizar seu tempo de trabalho e recursos, programando os próximos passos de maneira realista. Nas relações, este é um bom momento para acertar diferenças. **Favorável para Vênus.**

14 Mesmo querendo muito, alguns planos parecem não dar certo. Considere se é mesmo uma boa hora para colocar energia nisso; talvez seja importante deixar essa ideia amadurecer um pouco mais. **Favorável para Saturno.**

15 Os próximos dias podem trazer compreensões importantes sobre sua história pessoal. É aconselhável diminuir o ritmo para poder dar atenção a esses processos internos e alcançar um estado de pacificação em sua trajetória. **Favorável para Quíron.**

16 Estamos no período da Lua balsâmica, quando podemos modificar padrões e transformar nossa realidade. Considere especialmente as questões do campo material, o trabalho e as finanças. **Favorável para Mercúrio.**

17 Este é o último dia da lunação de Capricórnio, e podemos chegar ao entendimento de quais resoluções práticas podem facilitar a vida hoje, conduzindo a reais avanços no futuro. **Favorável para Marte.**

18 Um *Stellium* em Capricórnio traz consciência sobre os assuntos em relação aos quais precisamos ser mais responsáveis e o que precisamos eliminar definitivamente de nossa vida. **Favorável para Plutão.**

19 A Lua Nova em Capricórnio inaugura um tempo em que mudanças significativas podem acontecer. Por outro lado, o medo de falhar e a falta de confiança própria podem atrapalhar as coisas. Lembre-se de tudo o que já realizou; isso comprova a sua real capacidade. **Favorável para Plutão.**

20 Este é um bom dia para novos interesses e aprendizados, o mundo está mais complexo e precisamos nos atualizar. Reúna os amigos para programações culturais e artísticas. **Favorável para Vênus.**

21 Preencha seu dia com mais leveza e procure olhar para o lado bom da vida. Quem sonha tem sempre bons motivos para se manter em movimento. Siga o fluxo. **Favorável para Netuno.**

22 Grandes planos do passado podem fazer mais sentido hoje, portanto, dê vazão à imaginação, pois você pode resgatar aquelas ideias que tornarão a vida mais gratificante e colorida. **Favorável para Júpiter.**

23 Mudanças reais estão chegando. Hoje um *Stellium* liderado por Plutão em Aquário dá força e acelera as transformações. **Favorável para Plutão.**

24 O dia começa com mais energia e disposição e podemos nos envolver com novos planos, querendo fazer as coisas acontecerem e darem certo. Mantenha o foco, arregace as mangas e continue. **Favorável para Marte.**

25 Algumas situações não precisam mais se repetir. Observe o que ainda o atrai aos mesmos cenários; talvez seja a hora de abrir novos caminhos e respirar outros ares. **Favorável para Quíron.**

26 Ideias novas podem estar povoando seu pensamento e há coisas interessantes para acontecer, mas para isso se dar é preciso ir além do ordinário e habitual, deixando a preguiça de lado. Atenção às finanças. **Desfavorável para Vênus.**

27 Situações inesperadas e atrasos podem acontecer hoje. Mantenha-se aberto para mudar um pouco os planos sem perder os objetivos de vista. O improviso pode trazer resultados ainda melhores. **Favorável para Urano.**

28 O dia favorece decisões rápidas, conversas afiadas e desafios vencidos pela cooperação. Reunir pessoas com os mesmos objetivos viabiliza a realização de uma ideia que precisa acontecer. **Favorável para Marte e Plutão.**

29 O excesso de atividade mental e a agitação interna podem gerar desconforto e reatividade. Desacelere e coloque mais diversão em sua vida. **Favorável para Mercúrio e Vênus.**

30 Nossas memórias podem nos prender a interpretações equivocadas ou insuficientes, justificando a preocupação de quem tenta se proteger até do que não existe. Não deixe de viver o que seu coração deseja. **Desfavorável para Júpiter.**

31 A agitação mental dos últimos dias pode se manifestar em uma sensibilidade maior ou em instabilidade emocional. Acolha-se e dê vazão às emoções, expressando o que está sentindo. O entendimento virá em outro momento. **Favorável para a Lua.**

FEVEREIRO

1º A Lua Cheia chega com mais entusiasmo e paixão, levando a bons encontros e celebrações. Este é um ótimo momento para se abrir à esfera criativa da vida, dando crédito a novas ideias e sonhos de um outro tempo. **Favorável para Netuno.**

2 Tenha tolerância para lidar com visões diferentes da sua e paciência para contornar imprevistos, sem se perder em irritação. Em vez disso, dê preferência a atividades físicas que coloquem a energia em movimento. **Desfavorável para o Sol.**

3 O dia pode começar agitado e a sensação é de que há muito o que realizar. Procure manter a objetividade para dar conta dos compromissos, evitando distrações. **Desfavorável para Marte.**

4 Você estará com boas ideias e uma mente criativa, pronta para dar soluções práticas aos desafios da vida. Aproveite o alinhamento da Lua com Urano para agir com mais ousadia e independência. **Favorável para Urano.**

5 Conversar é uma coisa, dialogar é outra, e negociar é ainda uma terceira. O dia conta com uma ênfase no elemento Ar, trazendo aprendizados importantes para podermos conviver melhor e crescer juntos. **Favorável para Vênus.**

6 Há importantes construções coletivas em curso e poderemos nos surpreender com a forma como as pessoas, apesar das diferentes opiniões, podem estar buscando a mesma coisa. Procure conciliar e reunir. **Favorável para Vênus.**

7 Há muita coisa diferente no mundo e algumas novidades podem causar certo estranhamento. Por outro lado, podemos nos dar conta de que há muito o que aprender diante das diferentes perspectivas, inclusive sobre nós mesmos. **Favorável para Mercúrio.**

8 Algumas memórias difíceis já estiveram guardadas por tempo demais e podem estar contaminando as situações que você vivencia hoje, especialmente em seus relacionamentos. Afinal, por que você precisa repetir isso? **Favorável para Júpiter.**

9 Aprender com os próprios erros nos pede humildade para admitir que fomos também responsáveis por certos resultados. Mas sempre é tempo de nos aprimorarmos e hoje podemos fazer diferente. **Favorável para Saturno.**

10 Alguns assuntos pedem encaminhamentos mais eficazes. Procure observar que iniciativas você pode tomar hoje para que esses temas sejam concluídos e essas pendências saiam de sua vida. **Favorável para Netuno.**

11 Quem confia que a vida nos oferece o melhor é capaz de se adaptar positivamente às situações que surgem. Não lute contra as novidades; olhe para elas como um convite a mudanças que precisam acontecer. **Favorável para Marte.**

12 Como é bom olhar para a nossa trajetória e entender que tudo o que nos aconteceu nos conduziu para este exato momento: é nele que a verdadeira transformação pode acontecer. Perdoe e limpe o coração para prosseguir. **Favorável para Quíron.**

13 Algumas experiências que vivenciamos consolidam aprendizados, que por sua vez trazem segurança à nossa interpretação da vida. Porém, tudo no mundo pode mudar e este é um tempo de novos aprendizados. **Favorável para Mercúrio.**

14 Desapegar das coisas que nos dão segurança nunca é fácil. Mas é importante reconhecer que o tempo de certas coisas está terminando e que precisamos deixar esses processos se concluírem. Saturno retorna a Áries. **Favorável para Saturno.**

15 Estamos na Lua balsâmica com Plutão, o planeta das transformações. Observe o que já está diferente no mundo e em você. Alguns alinhamentos serão definitivos e daqui em diante é preciso estar mais consciente. **Favorável para Plutão.**

16 Sintonize a coragem e tome posse daquilo que sempre foi seu, acredite em sua capacidade e dê o próximo passo em direção ao futuro com firmeza. **Favorável para Marte.**

17 Um poderoso eclipse solar acontece nesta Lua Nova em Aquário, inaugurando um tempo de várias novidades. Este é um momento de inovação, bom para voltar a aprender e socializar mais, ampliando suas redes de relacionamento. **Favorável para Plutão.**

18 O elemento Água dá o tom neste dia que promove o encontro, a compreensão mútua, o acolhimento e o cuidado. Temos aprendido tanto no campo das relações; coloque em prática essas lições. **Favorável para Vênus.**

19 Saturno esteve quase três anos em Peixes, ensinando sobre vulnerabilidade e limites saudáveis nas relações. Cuide bem de você e das suas relações. **Favorável para Saturno.**

20 Há quanto tempo você não deseja algo exclusivamente por e para você? Pode ser que você deixou de ser sua prioridade e assumiu muitos compromissos pelo bem de todos, mas esse tempo está terminando e seus sonhos, ganhando importância. **Favorável para Netuno.**

21 Algumas restrições nos acompanham mesmo que já estejamos em outras etapas, pois a dor e o sofrimento podem deixar marcas difíceis de esquecer. Observe como ainda hoje você pode estar se reprimindo e atualize suas perspectivas. **Favorável para Quíron.**

22 Alinhar corpo e mente sempre traz bons resultados. Incluir nesse cuidado os aspectos emocionais, conhecendo melhor como nossos sentimentos funcionam, fortalece a autoconfiança e promove relações mais satisfatórias. **Favorável para Vênus.**

23 Podemos estar mais agitados e com o pensamento disperso ao longo do dia. Se puder, troque atividades complexas por boas conversas ou passeios agradáveis. Se não puder, experimente outras maneiras de realizar suas tarefas. **Desfavorável para Urano.**

24 Às vezes, tudo o que a gente precisa é respirar um ar mais fresco para ventilar os pensamentos. Aproveite para sair da rotina, trocar ideias, inspirar-se com mais arte e cultura. **Favorável para Plutão.**

25 Dê mais vazão ao seu lado aventureiro e considere fazer algumas mudanças para experimentar algo realmente diferente, que o tire de ambientes e hábitos muito conhecidos. **Favorável para Marte.**

26 A vida pode ser mais leve e colorida, podemos reencontrar a alegria da vida nas coisas boas que escolhemos fazer por nós e por quem amamos. **Favorável para Júpiter.**

27 Cuidar mais de si, da saúde, da alimentação e da estabilidade emocional é um gesto de amor-próprio de valor inestimável. Comece hoje mesmo a cultivar comportamentos e hábitos mais saudáveis. **Favorável para Vênus.**

28 Para avançar, é preciso se empenhar com garra nos próprios objetivos. Mas antes de tudo, é necessário se autorizar a fazer esse movimento a seu próprio favor. **Favorável para Saturno.**

MARÇO

1º Chame o entusiasmo para colocar seus projetos no mundo e a paixão para desfrutar o que a vida tem de bom. Este é um dia para deixar a timidez e a autocrítica de lado, acreditando mais em si mesmo. **Favorável para Marte.**

2 Marte ingressa em Peixes, impulsionando o lado criativo e imaginativo que vivenciamos na infância e que pode estar adormecido. A imaginação é poderosa e o que criamos no campo sutil ganha força para se realizar. **Favorável para Marte.**

3 Nesta Lua Cheia em Virgem acontece também um eclipse lunar, que pode trazer desconforto físico, distrações e insônia. Procure relaxar e ter momentos de autocuidado. **Desfavorável para a Lua.**

4 O dia pode trazer à memória situações em que falhamos ou em que não pudemos evitar que algo de ruim nos alcançasse. Seja tolerante com essas lembranças; elas estão lhe ensinando como agir melhor hoje. **Favorável para Saturno.**

5 Busque o diálogo e a cooperação neste momento; esses são caminhos bem mais inteligentes para se aproximar do que você precisa. Um toque de romance pode salvar seu dia. **Favorável para Vênus.**

6 Quando nos aventuramos por novos caminhos, é preciso ter o pensamento firme para não voltarmos àquela velha situação desconfortável, mas conhecida. Atenção às recaídas. **Desfavorável para Júpiter.**

7 Mercúrio retrógrado se encontra com o Sol em Peixes, e podemos ter entendimentos muito importantes sobre nossa saúde, relacionamentos e espiritualidade. Atenção aos sinais. **Favorável para Mercúrio.**

8 Um trígono de Água mostra a força dos sentimentos verdadeiros. Valorize os afetos e os bons momentos com as pessoas amadas; isso te fortalecerá. **Favorável para Júpiter.**

9 Lua e Lilith tornam aparentes os atritos com certas pessoas. Preste atenção em desconfortos e intolerâncias, são sinais de que algo nessas relações não vai bem e você precisa se posicionar. **Favorável para Vênus.**

10 O alinhamento entre Plutão e Vênus resulta em uma alquimia dos afetos e da nossa capacidade de atrair a felicidade e o prazer. Transforme. **Favorável para Plutão.**

11 A Lua Minguante com Urano e Júpiter sinaliza que chegou o momento de guardar o que foi bom e ter coragem para seguir adiante, sem medo nem apegos. **Favorável para Urano e Júpiter.**

12 Intensifique seu esforço e compromisso, observando se está sendo negligente em relação a algo. Se estiver, corra atrás do prejuízo pois a oportunidade pode passar. **Favorável para Marte.**

13 Se bater aquela dúvida sobre sua capacidade, experimente medir sua insegurança comparando-a ao tamanho do seu sonho. Encare os temores de frente e lembre-se de tudo pelo que já passou para chegar até aqui. **Favorável para Marte.**

14 Às vezes a vida nos leva a situações-limite só para nos darmos conta do tamanho da nossa força. Não desista de você, tudo isso vai confirmar o seu valor. **Favorável para Marte.**

15 O mundo é grande, as oportunidades são muitas, e as pessoas são diversas por natureza. Há muito o que conhecer se estiver disposto a saborear os vários tons e combinações que a vida nos oferece. **Favorável para Vênus.**

16 Hoje haverá um gosto por novidades e vontade de testar coisas diferentes. Pode ser um dia muito bom para quebrar a rotina e experimentar outros modos de levar a vida. **Favorável para Urano.**

17 O dia promove a sensibilidade, artes e cultura. Porém, podemos sentir mais agitação e dispersão do que de costume; atenção às distrações. Evite discussões. **Desfavorável para Mercúrio.**

18 No último dia da Lua Minguante, desacelere para poder observar os próprios sentimentos; há coisas que sentimos que não cabem em palavras. **Favorável para Netuno.**

19 A Lua Nova ativa Saturno e Netuno, dando força para os nossos desejos e construções de vida. Seja mais proativo e dê os primeiros passos rumo a um novo futuro. **Favorável para Saturno.**

20 Com entusiasmo e otimismo, para quem está buscando um novo amor o dia promete ótimos encontros. Exponha-se mais e tome a iniciativa. **Favorável para Vênus.**

21 Mande embora a preguiça e invista seu tempo naquilo que realmente te contempla. No trabalho, apresente resultados e mostre seu valor. **Favorável para Saturno.**

22 Observe o que ainda mantém você numa postura estagnada diante da vida, sentindo o chamado por um movimento que mesmo assim você não faz. Hoje é um bom dia para romper com essa inércia. **Favorável para Urano.**

23 Há quanto tempo você vem considerando iniciar uma nova jornada, com mais satisfação e autenticidade? Perceba o que hoje já está contribuindo para que se inicie esse novo percurso. **Favorável para Urano.**

24 Vire a página e olhe ao redor, pois há muita coisa boa já por perto – especialmente pessoas com quem você pode somar forças. **Favorável para Mercúrio.**

25 As lembranças deste dia podem nos trazer o conforto ou asseguramento que precisamos para prosseguir. O que há no seu passado que te encoraja hoje? **Favorável para Mercúrio.**

26 Este é um momento de boas iniciativas e de ação focada para colocar seus planos em movimento. Reconsidere as inseguranças; você tem motivos melhores para confiar em si mesmo e acreditar em um futuro mais promissor. **Favorável para Júpiter.**

27 O elemento Fogo traz motivação para tomar providências, resolver pendências e superar desafios. Seja claro e não deixe de dizer o que pensa. **Favorável para Saturno.**

28 Um pouco de coragem, um pouco de ousadia e outro tanto de determinação, essa é a receita perfeita. Batalhe pelo que você quer. **Favorável para Vênus.**

29 Querer fazer é muito bom, mas saber fazer é ainda melhor. Observe o que está precisando de mais empenho e aprimoramento de sua parte; algumas conquistas valem nosso esforço mais primoroso. **Favorável para Sol e Saturno.**

30 O dia pode começar agitado, exigindo um pouco mais de atenção às pequenas coisas do cotidiano. Não desvie do que realmente é importante e precisa ser resolvido hoje. Deixe as críticas de lado; antes feito do que perfeito. **Favorável para Marte.**

31 Se as coisas não saírem como planejado, tente outra vez. Existe o jeito ideal, mas também existe aquilo que funciona para você. **Favorável para Urano.**

ABRIL

1º Começamos o mês com a Lua Cheia em Libra, promovendo harmonia e diálogo nos relacionamentos. Bom dia para fechar acordos e vencer impasses, mas respeite a reciprocidade. **Favorável para Saturno.**

2 Como vai sua vida social? Este é um bom momento para avaliar os círculos que você frequenta e se já não está na hora de buscar novas amizades, conhecer outros ambientes e estar mais em contato com a cultura e a arte. **Favorável para Júpiter.**

3 O elemento Água nos sensibiliza para conversas profundas e sentimentos fortes. Dê lugar às delicadezas do contato humano, percebendo o valor de uma conexão verdadeira. **Favorável para Mercúrio e Vênus.**

4 Há coisas que não se explicam pela lógica racional, mas que podem ser captadas pela intuição que as alcança nas suas sutilezas. No momento certo, tudo se revelará. **Favorável para Mercúrio.**

5 Algumas relações nos levam a comportamentos extremos; é importante observar se estamos nos comportando assim por desregulação emocional ou por estarmos sendo provocados a essa reação. **Desfavorável para Vênus.**

6 Liberdade e independência são conquistas da vida adulta, mas, se isso o afastar de pessoas queridas, talvez seja importante reconsiderar como você vive essa autonomia. **Favorável para Saturno.**

7 Saber o que é preciso ser feito e envolver-se com isso: se estiver ao seu alcance, apenas faça. Bom dia para a prática de esportes. **Favorável para o Sol.**

8 Quem não gosta de coisa boa? Este é um ótimo dia para observar se você vem se dando a chance de acessar o melhor que seu tempo e recursos podem oferecer. No amor, o momento é bom para deixar as diferenças de lado e desfrutar mais. **Favorável para Vênus.**

9 Para quem sabe o que quer, o dia promete boas oportunidades para chegar mais perto dos próprios objetivos. No trabalho, confie em sua experiência e mostre a sua capacidade. **Favorável para Vênus e Júpiter.**

10 Lidar com a oposição alheia nunca é fácil. Mantenha o foco para vencer as resistências e evite bater de frente. Em vez disso, considere caminhos colaborativos. **Favorável para Urano.**

11 Se você vem se dedicando a novas construções de vida não desista desse caminho. Há novidades muito boas chegando, mas você precisa fazer sua parte. **Favorável para Plutão.**

12 Aquilo que mais deseja hoje pode estar muito perto de acontecer. Considere se suas melhores chances estão em outros ambientes, ao lado de outras pessoas ou até mesmo em um lugar diferente de onde você vive agora. **Favorável para Plutão.**

13 Podemos sentir uma urgência em resolver assuntos ou cobrar resultados. Contudo, tenha paciência e diminua a cobrança interna; nem tudo depende apenas de sua ação. **Favorável para Júpiter.**

14 Desacelerar, cuidar das emoções e da saúde, ter uma boa conversa com alguém e se sentir compreendido são os tesouros deste dia. Tudo tem seu momento e há coisas que podem ficar para outra hora. **Favorável para Vênus e Júpiter.**

15 Um *Stellium* em Áries trará inquietação e intolerância no dia de hoje. Evite confrontos, discussões e situações de risco. **Desfavorável para Marte e Mercúrio.**

16 Há decisões e providências que só você pode tomar; concentre-se para encaminhar esses assuntos com liberdade de pensamento e uma atitude independente. **Favorável para Marte.**

17 A Lua Nova em Áries com Quíron traz segundas chances muito bonitas para realizarmos hoje o que já foi o sonho de um outro tempo de nossa vida. É possível se perdoar e reparar o tempo perdido. **Favorável para Quíron.**

18 Dê espaço para os afetos e os bons encontros; pode ser recompensador reservar um tempo para cuidar melhor de quem você ama. Bom dia para programações gastronômicas. **Favorável para Vênus e Júpiter.**

19 O trabalho ou os relacionamentos pedem mais paixão e intensidade. Nem sempre é preciso abrir mão de tudo; às vezes só sair da rotina já é suficiente. **Favorável para Urano.**

20 Sair um pouco, ver outros cenários e se inspirar com a vida de pessoas diferentes pode arejar as ideias e trazer mais ânimo. Há quanto tempo você não faz algo novo? **Favorável para Marte.**

21 Respeito, cuidado e suavidade são valores importantes nas relações mais íntimas. Observe até que ponto você tem cultivado esses valores nas suas relações. **Favorável para Sol e Júpiter.**

22 Tudo o que tem valor merece ser preservado, sejam coisas pequenas, sejam grandes conquistas ou mesmo aquilo que é intangível, como relacionamentos e afetos. Não abra mão daquilo que lhe faz bem. **Favorável para Sol e Júpiter.**

23 Algumas mudanças são inevitáveis, mas, em vez de significarem um término, elas podem na verdade trazer uma evolução. No amor, abra-se a novas etapas. **Favorável para Vênus e Urano.**

24 Tudo vale a pena quando a alma não é pequena, já diz a sabedoria popular. A curiosidade aliada a uma firme vontade pode fazer deste um dia marcante; dê uma chance a si mesmo. **Favorável para Mercúrio e Marte.**

25 O que você não está vivendo por temer arriscar? Há coisas que podem ser tão boas que valem o risco de se expor um pouco mais. **Favorável para Marte.**

26 Passo a passo, um pouco a cada dia. Não subestime as pequenas conquistas do dia a dia; elas nos fortalecem para avanços mais significativos, quando for o momento certo. **Favorável para Júpiter.**

27 Dia especialmente bom para assuntos financeiros, trazendo novidades na forma de lidar com o dinheiro e favorecendo investimentos de perfil diversificado. Simplifique as coisas. **Favorável para Vênus.**

28 O elemento Ar promove conversas e encontros agradáveis. No trabalho, cooperação e receptividade trazem boas resoluções. Atenção às novidades no amor. **Favorável para Vênus, Urano e Plutão.**

29 Estar disposto para ouvir é o segredo para poder dialogar e chegar a um entendimento necessário. Quem não ouve não consegue convergir, pois não é capaz de identificar o ponto onde as perspectivas se tocam. **Favorável para Vênus.**

30 Nossas certezas são a expressão do que aprendemos na experiência objetiva, por isso é difícil mudar de opinião em relação a algo que foi vivenciado pessoalmente. Procure respeitar o ponto de vista do outro; isso não quer dizer que sejam adversários. **Desfavorável para Mercúrio.**

MAIO

1º Uma Lua Cheia especial presenteia este dia com muita afetividade e sentimentos fortes. Há um chamado para superar medos, limites e obstáculos ao amor. Está na hora de se libertar e começar de novo. **Favorável para Marte e Urano.**

2 A vida material pode se desenvolver melhor se você se dedicar a entender os motivos que o fazem desistir de suas metas antes de elas chegarem a acontecer. Para certas coisas, é preciso esforço e confiança. **Favorável para Marte.**

3 Expansão e coragem andam juntas e nos desafiam a sair de territórios conhecidos e seguros. Acreditar em nossa própria visão e capacidade nos ajuda a dizer sim para a vida. **Favorável para Saturno e Netuno.**

4 Algumas situações pedem mais atitude e posicionamento. Observe o que vem deixando de realizar; você pode perder o tempo certo de agir, ficando no prejuízo. **Favorável para Saturno.**

5 A ação que você decide tomar hoje é o que pode reparar a inação que houve em outros tempos. Sua experiência anterior é sabedoria e força para ser mais capaz hoje. **Favorável para Quíron.**

6 Mantenha seus objetivos com responsabilidade e constância. Observe o que hoje já está a seu alcance e se comprometa com isso de modo consciente. **Favorável para Mercúrio.**

7 Nossas metas, quando alinhadas a um desejo sincero, valem o enfrentamento das dificuldades e a oposição alheia. Persista e não se intimide com as condições atuais. **Favorável para o Sol.**

8 O que o faz se retrair, mudar de ideia ou desistir? Considere como há pessoas diferentes no mundo, cada uma com seu jeito de trazer os sonhos ao plano concreto. Inspire-se na diversidade. **Favorável para Plutão.**

9 O momento pede escolhas e desapegos, voltando à sua verdadeira trilha. Renunciar também é uma opção. **Favorável para Plutão.**

10 Você pode se dar conta de que não tem empregado energia, tempo e recursos naquilo que realmente lhe faz bem, ficando na insatisfação. Coragem: há mudanças que só você pode fazer. **Favorável para Marte.**

11 Se você não tem se envolvido o suficiente com a vida, sentindo-se estagnado, sem forças ou objetivos, procure imaginar-se em outros cenários, mais interessantes e motivadores. **Favorável para Mercúrio.**

12 O dia promove encontros para conversas profundas, repletas de afeto e significado. Permita-se estar ao lado de quem é capaz de lhe oferecer compreensão e respeito. **Favorável para Júpiter.**

13 É hora de voltar a sonhar, fazer planos mais grandiosos ou tirar aquele seu projeto da gaveta para dar início a uma nova história. Nenhum sonho é irrelevante se veio do coração. **Favorável para Netuno.**

14 Você pode se sentir mais agitado que o normal, ou até mais irritado e intolerante. Procure se distanciar um pouco das obrigações; dê um tempo para a reflexão, aproveitando o encontro do Sol com Mercúrio. **Favorável para Mercúrio.**

15 A Lua balsâmica pede um ritmo mais calmo e harmonioso para olhar para dentro e reconhecer o que está se encerrando, simbolicamente. Saia da rigidez e acolha as novas possibilidades. **Favorável para Mercúrio.**

16 Desacelere para cuidar mais de si mesmo: caprichar na alimentação, na atenção à saúde ou colocar o sono em dia podem fazer muita diferença. Escute mais seu corpo, sintonizando-se com a Lua Nova em Touro. **Favorável para a Lua.**

17 O dia pode ter atrasos e imprevistos, mas nada com que você não consiga lidar com um pouco de improviso e bom humor. Pense "fora da caixa" e observe como o novo pode vir de maneiras surpreendentes. **Favorável para Urano.**

18 A vida social pede mais atenção; socializar, encontrar os amigos, marcar aquele jantar divertido com a família podem dar uma animada geral. No amor, é tempo de novidades. **Favorável para Vênus.**

19 Gentileza, compreensão e acolhimento serão gestos importantes nas convivências. No trabalho, seja cuidadoso com o que vem realizando e corrija eventuais equívocos. **Favorável para Lua e Júpiter.**

20 Em algum momento do dia, você pode ficar dividido entre a vontade de inovar e a necessidade de manter as coisas sob controle. Não tenha medo de testar outras possibilidades; o tempo é de mudanças. **Favorável para Júpiter.**

21 O mundo está diferente, e as relações ficaram mais complexas. Pode ser que você nem tenha palavras para definir seus sentimentos diante de tantos estímulos. Lembre-se da sabedoria do corpo, que é capaz de expressar o que ainda é indizível. **Favorável para o Sol.**

22 Atenção para não passar do ponto em eventuais debates e confronto de ideias; é importante se posicionar, mas de maneira respeitosa e producente. Se estiver difícil manter as emoções sob controle, deixe os embates para outro momento. **Favorável para Mercúrio.**

23 A vontade de aprender e expandir os conhecimentos pode levá-lo a novos encontros e ambientes. Chegou a hora de desenvolver algo novo, trazendo mais encanto e diversão para sua vida. **Favorável para Mercúrio.**

24 Com planejamento e organização, dê atenção às finanças e estabeleça rotinas que facilitem o seu dia a dia. Assuntos referentes a documentos e burocracias podem evoluir bem hoje. **Favorável para Mercúrio e Júpiter.**

25 Um trígono de Ar favorece bons encontros, parcerias, acordos e negociações. Este também é um bom dia para ser preenchido com arte e beleza, recebendo inspirações que elevam a alma. **Favorável para Mercúrio e Vênus.**

26 Bom dia para conversas difíceis. Procure expor o que pensa de forma clara, indo direto ao ponto, mas sempre disposto a ouvir e contemporizar. Um bom acordo é aquele que é possível de ser cumprido. **Favorável para Mercúrio.**

27 Você tem encontrado tempo para se divertir e descansar? Observe como vem ocupando seu tempo e se há espaço para experiências mais prazerosas, sem a obrigação de ser produtivo ou de atender alguém. **Favorável para o Sol.**

28 O céu tem Vênus e Júpiter em Câncer, abrindo as comportas dos nossos sentimentos e liberando as emoções que precisam fluir e se expressar. **Favorável para Vênus e Júpiter.**

29 É na força do desejo que as grandes metas de vida podem se realizar, enquanto nos dedicamos a elas com diligência, aguardando o tempo de sua realização. Persista. **Favorável para Marte.**

30 A Lua Cheia de hoje é muito especial; trata-se da celebração de Wesak, que representa a vitória da luz do conhecimento sobre as trevas da ignorância. É um momento muito favorável à prece, à elevação do pensamento e à harmonização com os valores universais. **Favorável para Júpiter.**

31 O que ainda impede seu pensamento de articular livremente suas melhores ideias? Este é um dia único para vencer resistências internas e alcançar visões de mundo mais amplas, que tragam novos horizontes e ofereçam a verdadeira sabedoria. **Favorável para Urano.**

JUNHO

1º O gosto pela aventura dá entusiasmo para programações diferentes ou ao ar livre, convidando-nos a movimentar o corpo e desfrutar da natureza. Música e dança são ótimas atividades para este dia. **Favorável para o Sol.**

2 Como é bom encontrar algo que nos anime de verdade; podem até ser antigos interesses que voltem à tona. Deixe a preguiça de lado, você vai se agradecer por isso depois. **Favorável para Marte.**

3 Certas conquistas pessoais acontecem longe da exposição e dizem respeito a outras instâncias da vida, como os afetos e a força de vontade. Conseguir se regular emocionalmente ou controlar um comportamento são conquistas das mais valiosas. **Favorável para Vênus.**

4 Há momentos que pedem coragem para acreditar em si mesmo e ser leal às próprias ideias e visões, ainda que isso não encontre o apoio das outras pessoas. Com o tempo, vamos ver que fizemos o certo ao nos escolher. **Favorável para Plutão.**

5 O dia é especialmente propício para estar entre pessoas que valorizam as mesmas coisas que você e para se sentir confortável em se expressar com liberdade. Programações culturais e de entretenimento em grupo são uma ótima pedida. **Favorável para Urano.**

6 Pensar e agir de forma independente requer que estejamos em dia com nossas responsabilidades. Para ser livre, é preciso bancar a si mesmo sustentando o que se diz e o que se faz, caso contrário, sempre estaremos em débito com alguém, que terá a última palavra. **Favorável para Saturno.**

7 Acreditar no bem e fazer o melhor são caminhos para estar em paz com a própria consciência. Não subestime a força de quem tem a consciência tranquila. **Favorável para Júpiter.**

8 Nossos sonhos merecem nossa fé e confiança. Visualize a si mesmo vivendo uma situação ou relacionamento que deseje, e coloque intenção nessa realização. Alimentando essa visão, ela ganha força para se materializar no momento certo. **Favorável para Júpiter.**

9 É dia de abrir caminhos e facilitar os inícios, descomplicando as coisas e focando em seus objetivos com clareza e determinação. Este é um grande momento para dar movimento a sua vida. **Favorável para Netuno.**

10 Começar de novo é uma maneira de manter vivo o sonho que um dia nos fez caminhar. Talvez hoje esse sonho tenha uma nova configuração, mas, por trás dessa imagem, há algo que você precisa muito reviver. **Favorável para Saturno.**

11 Todos passamos por impedimentos e frustrações em algum momento da vida; não se culpe pelo que não pôde acontecer nem se puna por isso. Cada dia é um milagre da vida, que se renova em infinitas possibilidades. **Favorável para Quíron.**

12 Você é mais forte do que sabe ou pensa. Os momentos de dúvida nos colocam à prova, mas é olhando para si com respeito que poderá reencontrar a força que o sustenta. **Favorável para Marte.**

13 Quais são as mudanças às quais você vem resistindo ultimamente? Como elas refletem quem você é hoje ou quem poderá vir a ser um dia? Abrir-se para as mudanças é abrir-se para si mesmo, em suas múltiplas facetas e potências. **Favorável para Urano.**

14 A vida vem pedindo mais movimento, e esse chamado pode ser literal. Insira atividades físicas no seu dia a dia, energizando e revitalizando o corpo por intermédio do ar que você respira com mais intensidade. A vida se expande na inspiração. **Favorável para Mercúrio.**

15 A Lua Nova em Gêmeos favorece todo tipo de mudança, novos visuais, aprendizados, deslocamentos, além de trocas inteligente nas interações. Movimente-se e divirta-se. **Favorável para Mercúrio.**

16 Conectar-se com as pessoas certas lhe trará uma sensação inigualável de pertencimento e tranquilidade. Dê espaço para encontros valiosos acontecerem. **Favorável para Mercúrio e Júpiter.**

17 Direcione sua atenção para as coisas que hoje fazem seu coração pulsar mais forte; a vida precisa de emoção para revitalizar nossas forças. Apaixonar-se é uma possibilidade; não resista. **Favorável para Vênus.**

18 Nem tudo na vida é obtido com luta; às vezes, só é necessário ser mais claro em relação aos próprios objetivos e se posicionar de maneira assertiva. Não faça rodeios, vá direto ao ponto. **Favorável para Saturno.**

19 Pode ser uma surpresa perceber como ainda caímos nas mesmas e conhecidas armadilhas; é preciso andar com atenção para reconhecer nossos pontos fracos em outras configurações. **Desfavorável para Marte.**

20 A vontade de se destacar é válida quando nossas construções dependem do reconhecimento alheio, mas corremos o risco de complicar demais as coisas quando algo simples seria suficiente. **Desfavorável para Saturno.**

21 Um pouco a cada dia e um pouco mais a cada oportunidade. Com a constância, vamos colhendo os frutos deste trabalho sincero que é o nosso aprimoramento. Nas questões profissionais, mostre seus bons resultados. **Favorável para Marte.**

22 Raciocínio estratégico e disposição para cooperar são as chaves para este dia, que potencializa os acordos e as parcerias, inclusive os relacionamentos amorosos, que podem estar precisando de novos arranjos. **Favorável para Vênus.**

23 A vontade por novidades pode se concretizar agora; perceba o que já favorece as mudanças e as reconfigurações, dedicando-se para que uma nova realidade se forme. **Favorável para Urano.**

24 É hora de enfrentar medos antigos, sobretudo aqueles que nos fazem esmorecer e desistir por falta de fé. Não deixe que certas memórias o impeçam de explorar o que a vida tem de bom. **Favorável para Júpiter.**

25 Guardar mágoas e rancores é um caminho certo para o adoecimento, além de desperdiçar uma energia pessoal que poderia estar sendo usada para fazer florescer outros planos e ideias na atualidade. **Favorável para Marte.**

26 Nos dias mais difíceis, receber uma palavra com real significado ou um direcionamento da espiritualidade podem nos restaurar. Esteja atento aos sinais; por mais sutis, podem nos instruir e inspirar. **Favorável Júpiter.**

27 O elemento Fogo está presente, conferindo vontade e disposição para resolver o que precisa de sua participação. Pequenos reparos e consertos tornam a vida mais bela. **Favorável para Saturno.**

28 O conflito entre ser livre e estar em segurança se reedita em diversos contextos e a falta de decisão pode criar uma tensão intolerável. Observe quanto você já se desenvolveu e é capaz de cuidar de si mesmo; talvez os medos de hoje não tenham mais fundamento. **Favorável para Saturno.**

29 A Lua Cheia traz inspiração e novos sonhos que hoje são possíveis de alcançar. Autorize-se a essas conquistas, reconhecendo quem você é agora e o valor daquilo que só você é capaz de fazer. **Favorável para Marte.**

30 Coragem e desenvoltura para dar vida aos nossos projetos é o que podemos começar a sentir a partir de agora, com a entrada de Júpiter em Leão, favorecendo a exposição pessoal, o empreendedorismo e a liderança. **Favorável para Júpiter.**

JULHO

1º Começamos o mês com planos feitos, mas será preciso desenvoltura para lidar com os imprevistos e possíveis desvios do caminho original. Não se perca diante desses ajustes; mantenha seu propósito e a mente aberta para fazer adaptações. **Favorável para o Sol.**

2 Ser a pessoa que todos buscam quando precisam resolver problemas pode dar a impressão de que temos autoridade e até certo controle sobre as coisas. Mas esta é uma posição ingrata se estivermos desperdiçando o tempo que seria útil a nós mesmos. Liberte-se. **Favorável para Urano.**

3 O dia pede mais movimento e integração social, favorecendo especialmente os encontros amorosos e apaixonados, embora com liberdade – as melhores uniões ocorrem quando há livre escolha. **Favorável para Vênus.**

4 Você tem observado melhor sua vida afetiva e pode ser que hoje sinta falta de um acolhimento mais compreensivo em suas relações. Ou talvez seja você quem precise praticar a aceitação com as pessoas queridas. Amar é para quem quer. **Favorável para Quíron.**

5 Relações verdadeiras são aquelas em que temos espaço para nos mostrar e criar vida. Em um ambiente de segurança emocional, não precisamos nos defender nem pensar em fugir. Cultive relacionamentos de valor. **Favorável para Mercúrio.**

6 Expansão, desenvolvimento e ousadia – essas são as três palavras-chave para o dia de hoje, que já começa com boas ideias e muita vontade de fazer o que precisa ser uma realidade daqui por diante. Acredite em você. **Favorável para Júpiter e Netuno.**

7 O que você já deixou de realizar imaginando não ser suficientemente capaz? Até quando o medo vai governar suas escolhas? Alguns objetivos precisam, antes de tudo, de uma atitude firme e confiante na direção escolhida. **Favorável para Saturno.**

8 Acontecimentos difíceis podem nos ter impactado tanto, a ponto de criarem uma paralisia imaginativa em que nada de novo tem lugar e vivenciar algo diferente nos amedronte. Está na hora de ir além desse ponto, dissolvendo a inércia e gerando vida nova. **Favorável para Quíron.**

9 Hoje é um ótimo dia para se cercar de bons afetos, pessoas queridas e momentos compartilhados com alegria, além de boa comida. Mantenha-se receptivo; há momentos que valem por uma vida inteira. **Favorável para Vênus.**

10 Entendimentos profundos poderão se dar neste dia, principalmente em relação a temas que envolvam nossa capacidade de gerar recursos materiais. Procure desacelerar, dedicando um tempo para essas reflexões. **Favorável para Mercúrio.**

11 Prepare-se para tensões significativas que causem agitação e mente dispersa. Por outro lado, há assuntos que pedem decisões ou resoluções rápidas. Saiba onde colocar sua atenção e seja racional. **Favorável para Marte e Urano.**

12 A Lua Minguante nos interioriza enquanto o Sol e Mercúrio se alinham perfeitamente, proporcionando uma grande compreensão sobre temas pessoais importantes. A arte, a criatividade e a escrita podem nos ajudar nesse processo. **Favorável para Mercúrio.**

13 Algumas memórias antigas nos visitam, trazendo a imagem da pessoa que já fomos em outro tempo. Quanto dela ainda vive em você? Seja grato pelo que suas versões anteriores passaram para que você chegasse até aqui. **Favorável para Lua.**

14 A Lua Nova em Câncer nos conecta à nossa história de vida, trazendo à memória tudo a que já nos dedicamos com devoção e as pessoas que fizeram parte desses momentos. Observe o que essas lembranças podem inspirá-lo a criar hoje. **Favorável para Mercúrio.**

15 Descobrir uma nova paixão que o motive a viver melhor, pode ser uma realidade agora. Este é um ótimo dia para se aventurar a algo diferente e sentir o coração revigorado, pulsando mais forte. **Favorável para Júpiter.**

16 Estamos sempre aprendendo a cuidar das nossas conquistas e do nosso futuro, mas o cuidado primordial deve ser com nossa saúde. Coloque em dia esse autocuidado, sem se esquecer de manter o corpo em movimento. **Favorável para Saturno.**

17 O amor nos fortalece e sustenta nossas construções de vida, mas é nos pequenos gestos do dia a dia que demonstramos se estamos ou não preenchidos com esse sentimento. Cultive com carinho o que você quer ver florescer. **Favorável para Vênus.**

18 Quem você ajuda realmente precisa do que está fazendo? Às vezes, deixar a pessoa aprender a ser mais funcional por ela mesma é o melhor auxílio que se pode oferecer. **Favorável para o Sol.**

19 Bons acordos e conciliações estão favorecidos hoje; seja empático, mas não se afaste de sua estratégia, para que o que foi combinado tenha reais chances de se cumprir. No amor, novidades podem surgir. **Favorável para Urano.**

20 A mente pode acelerar hoje, com várias ideias criativas e vontade de inovar. Porém, nem tudo estará ao alcance imediato; respeite os processos, mas sem subestimar seu poder criativo. No momento certo, as coisas se concretizarão. **Favorável para Saturno.**

21 As oportunidades chegam e, se você estiver atento, vai saber o momento de dar o impulso. Note como a vida vem trazendo algumas condições novas e como, na prática, essas novidades abrem caminho para outras histórias. **Favorável para Plutão.**

22 Podemos estar mais sensíveis às emoções neste dia, com certa nostalgia de outros tempos ou saudades de pessoas especiais. Tudo tem seu momento; deixe essas emoções fluírem, pois este é o dia de as águas voltarem a correr. **Favorável para Mercúrio.**

23 O Sol ingressa em Leão e se encontra com Júpiter, inaugurando um tempo de novas conquistas e mais autonomia para dar vida a seus desejos. O que você realmente quer viver daqui em diante? **Favorável para Júpiter.**

24 Ânimo e entusiasmo são o que o dia promete, com vários planetas em signos de Fogo trazendo energia e força. Procure direcionar essa energia para dar movimento a sua vida, com coragem. **Favorável para Júpiter.**

25 O sagrado e o espiritual são dimensões da experiência humana que nos ajudam a encontrar sentido na vida. Procure dar mais espaço para uma prática que permita essa conexão diferenciada e alinhe-se com a sua guiança. **Favorável para Júpiter.**

26 Nossa experiência de vida, conquistas e até mesmo fracassos dizem muito sobre quem somos. Observe o que essas histórias contam sobre quem você é ou não é. Não se iluda com caminhos que não sejam os seus. **Favorável para Netuno.**

27 Boas oportunidades na vida profissional, com chances importantes de mostrar sua competência e resultados, de modo a se destacar dos demais. Lembre-se de ser colaborativo, mostrando consciência sobre seu papel. **Favorável para Vênus.**

28 Para quem sabe apreciar as coisas boas da vida, este é um dia maravilhoso para desfrutar de refinados prazeres. Certifique-se de estar na melhor companhia possível. **Favorável para Vênus.**

29 A Lua Cheia alinha planetas poderosos, trazendo oportunidades especiais de um crescimento significativo que, para se tornar realidade, precisa que você tenha uma postura mais segura e de

autoridade. Aproveite as boas chances e faça acontecer. **Favorável para Plutão.**

30 As mudanças são bem-vindas quando vêm renovar o ambiente, as ideias e os desejos. A roda gira, e podemos nos surpreender com ventos favoráveis, que descortinarão horizontes inspiradores e muito mais interessantes. **Favorável para Marte.**

31 A vida vem pedindo mais confiança e paixão no que fazemos, mas será que você está de fato envolvido com a vida dessa maneira? Há algo que seja desconfortável e difícil de cumprir hoje? Alinhe-se com o prazer. **Favorável para Mercúrio.**

AGOSTO

1º Abrimos o mês com boas chances de mudanças reais e novos caminhos de vida, mas tudo depende de nossa prontidão em reconhecer o momento de avançar e de aceitarmos os próximos capítulos da vida. Ouça o que diz sua intuição. **Favorável para Mercúrio.**

2 Apesar das responsabilidades e ocupações do cotidiano, este é um bom dia para cuidar da saúde do corpo e da mente. Atualize esse cuidado e permita-se descansar. **Favorável para Vênus.**

3 Decisão e atitude são o que a vida vem pedindo, e seguramente há um assunto em curso no qual sua ação pontual fará toda a diferença. Decida e resolva, sem demora. **Favorável para Saturno.**

4 Uma certa agitação e inquietude mental podem trazer desconfortos neste dia. Procure focar sua energia para acelerar os processos, especialmente os de trabalho. Porém, observe se não está sendo intolerante ou esperando demais dos outros. **Desfavorável para Vênus.**

5 Hoje você poderá se sentir desafiado a realizar algo que pareça grande demais ou para o que ainda não se sinta preparado. Talvez essa impressão venha de outras experiências mal resolvidas, mas que não o representam em seu melhor aspecto. Acredite mais em si mesmo. **Desfavorável para Júpiter.**

6 Quando nos recusamos a agir segundo a nossa consciência sinaliza, ou deixamos passar o momento dessa atuação por preguiça, não estamos nos livrando de um problema. Pelo contrário, estamos

criando mais uma situação que também cobrará de nós a devida resolução. **Desfavorável para Júpiter.**

7 Mudanças à vista: programe-se, percebendo do que você precisa se desemaranhar para recuperar o fluxo da vida e se desenvolver com mais liberdade. **Favorável para Urano.**

8 Mais energia e disposição pedem atividades que favoreçam um ritmo saudável; invista em esportes e em movimento para equilibrar essa energia toda. O dia é bom para deslocamentos e viagens, promovendo também encontros bem produtivos. **Favorável para Marte.**

9 Questões domésticas pedem atenção, sobretudo no tocante a conforto e melhor aproveitamento do ambiente. Considere pequenas reformas e conserte aqueles itens que já estavam pedindo uma intervenção. **Favorável para Mercúrio.**

10 Estamos no período final da lunação e ficamos mais interiorizados. A intuição, os sonhos e as percepções mais sutis ficam afloradas, e este é um bom momento para silenciar e meditar. **Favorável para a Lua.**

11 Uma forte vontade de se envolver mais com os acontecimentos e de tomar a dianteira nos processos pode ocorrer hoje. No entanto, você vai notar que os caminhos não estão tão favoráveis. Respeite o momento e mantenha a tranquilidade. **Desfavorável para Mercúrio.**

12 A Lua Nova em Leão vem renovar nosso compromisso com a vida e podemos nos sentir especialmente inspirados pelo eclipse solar total de hoje. Chegou a hora de investir mais no que dignifica nossa sua história e reafirmar nosso valor. **Favorável para Júpiter.**

13 O céu está repleto de alinhamentos harmônicos, bons para que nossas ações possam fluir positivamente. Porém, o ritmo do dia ainda é mais lento e pede atenção e cuidado às pequenas ações do cotidiano, em particular no trabalho. **Favorável para Marte.**

14 O dia está propenso a pequenos conflitos, internos ou externos, entre o que gostaríamos de fazer e o que é necessário ser realizado como prioridade. Seja prático para decidir. **Favorável para Marte.**

15 Podemos chegar a um objetivo de forma direta e combativa, mas também podemos fazer o percurso contornando as dificuldades e garantindo uma trilha mais tranquila e segura. Observe como a colaboração pode fazer a diferença no seu dia. **Favorável para Vênus.**

16 Um dia especialmente promissor em todas as áreas é o que os astros nos oferecem hoje, promovendo bons encontros, entendimentos importantes e união de forças para um objetivo comum. Nas relações, é o momento para se render ao amor. **Favorável para Vênus.**

17 O dia pede uma atenção especial para a maneira como nos comunicamos com nossos parceiros de vida. Observe se você tem conseguido se expressar com liberdade, se é ouvido e se suas palavras são consideradas. **Desfavorável para Marte.**

18 Você pode estar um pouco mais impulsivo do que de costume, e isso pode levá-lo a exageros e descontroles que depois exigirão um esforço extra para serem corrigidos. **Desfavorável para Marte.**

19 Nem toda contrariedade precisa se tornar um drama terrível. É importante aprender a modular as expectativas e entender que nem toda insatisfação tem de ser compartilhada com o restante do mundo. **Desfavorável para Sol.**

20 Muita criatividade, ideias novas e vontade de realizar os próprios sonhos são a tônica deste dia, que pode trazer boas oportunidades para colocar esses planos em prática. Mantenha o foco e aproveite o fluxo. **Favorável para Netuno.**

21 Para quem tem uma visão mais ampla da vida, todo encontro traz a chance de um novo aprendizado. E existem aprendizados que fazem mais sentido se vivenciados em grupo ou na força do sagrado. **Favorável para Júpiter.**

22 Você se sente realmente envolvida com seu caminho de desenvolvimento? Hoje, algo pode chamar sua atenção, e você pode perceber que tem colocado os planos de outras pessoas na frente dos seus. Repense suas prioridades. **Favorável para Lilith.**

23 O Sol entra no signo de Virgem, e podemos nos tornar mais criteriosos em nossas observações, percebendo que algumas decisões são necessárias para vencermos o desânimo e nos mantermos no caminho do aprimoramento constante. **Desfavorável para Saturno.**

24 Bons resultados chegam para quem fez sua parte com diligência e responsabilidade. Mas, se não deu certo desta vez, pode ser um bom momento para você se comprometer com uma nova atitude, especialmente na vida profissional e financeira. **Favorável para o Sol.**

25 Hoje uma forte tensão pode afetar você, trazendo-lhe inquietação e deixando sua mente mais dispersa. Talvez seja melhor dar uma pausa nos afazeres e buscar inspiração na arte, no entretenimento ou nas amizades. **Favorável para Urano.**

26 Grandes aprendizados estão chegando, e estes são tempos em que precisamos avançar coletivamente, posicionando-nos no mundo de maneira corajosa e assertiva, conscientes do que temos a oferecer e do que depende de nossa participação. Assuma seu lugar. **Favorável para Júpiter.**

27 Compartilhar, ampliar as conexões com outras pessoas, integrar-se a um grupo para somar forças e alcançar objetivos maiores – tudo isso faz parte da tônica deste dia que nos convoca a grandes reflexões. Você está fazendo a sua parte na sua coletividade? **Favorável para Plutão.**

28 Temos hoje um eclipse lunar importante que pode nos convocar a um passo de maior compromisso quanto a nossa participação social e política, trazendo a consciência do peso de nossas omissões. **Favorável para Mercúrio.**

29 Ser solidário e compreensivo com as necessidades dos outros não nos enfraquece. Pelo contrário, é uma postura que nos apresenta o mundo por outros olhos, dando-nos a chance de ampliar nossa própria compreensão da realidade maior. **Favorável para Mercúrio.**

30 Qual é o mundo em que você acredita? Em que mundo você quer viver? Este é um dia que promove mais interesse nas causas maiores, podendo nos mobilizar a uma participação mais ativa em programas coletivos. **Favorável para Netuno.**

31 Alinhar nossos objetivos ao dever que a consciência nos impõe é uma oportunidade para atender aos chamados da vida, mas antes disso é também a possibilidade de nos dignificar como seres humanos. Esteja pronto para realizações maiores que você mesmo. **Favorável para Saturno.**

1º Iniciamos o mês com uma linda possibilidade de curas emocionais, que nos despertará a partir de lugares internos profundos, fazendo-nos recuperar a sensibilidade para compreender por que ainda resistimos ao amor e à unidade. Permita-se vivenciar essa cura. **Favorável para Quíron.**

2 O dia favorece os planejamentos de longo prazo e todo tipo de organização que seja necessária, desde o guarda-roupa até as finanças. Coloque a vida em ordem. **Favorável para Vênus.**

3 O desejo por algo novo é espontâneo e pode contrastar com a necessidade de segurança e estabilidade. Considere se esse impulso por novidade é algo que realmente resultará no seu crescimento, ou se é apenas um modo de lidar com o tédio. **Desfavorável para Urano.**

4 Aprender a conversar ouvindo mais e administrando a necessidade de ter sempre uma resposta pronta para tudo é o desafio deste dia. Há coisas que de fato não sabemos, e está tudo bem ser assim. **Favorável para Mercúrio.**

5 Há quanto tempo você não faz uma demonstração de carinho para alguém especial? Alguns gestos significam mais do que afirmações e intelectualizações; mesmo que saibamos do afeto mútuo, o gesto torna o sentimento palpável. **Favorável para a Lua.**

6 Este é um ótimo dia para o cuidado com os outros, com a casa, o nosso ambiente e conosco também. Invista atenção em sua saúde, na alimentação e na qualidade do seu sono e descanso. **Favorável para Marte.**

7 Enfrentamentos internos podem se mostrar necessários, principalmente se você estiver desperdiçando a chance de se realizar, sendo protetivo ou defensivo demais, a ponto de não arriscar nada. Talvez seja a hora de sair dessa concha. **Favorável para a Lua.**

8 Começamos o período da Lua balsâmica, em que transformações pessoais são possíveis. Você tem se dado conta de temas muito importantes que devem ser integrados à consciência; continue trabalhando em si mesmo. **Favorável para Júpiter.**

9 Observe a tendência de se manter sempre muito ocupado, assumindo uma lista infindável de tarefas. O que está tentando provar com tanto comprometimento? Você é a primeira pessoa que pode reconhecer seu valor naquilo que é. Saiba quem você é apesar dos seus resultados. **Favorável para Júpiter.**

10 O dia pede uma desaceleração para poder se internalizar e ouvir a intuição. Procure acalmar o pensamento com atividades corporais ou massagens; o contato com a natureza também pode fazer muito bem neste dia de compreensões significativas. **Favorável para Vênus.**

11 A Lua Nova em Virgem abre espaço para uma organização pessoal importante acontecer. De finanças a trabalho, e até mesmo em relação aos sentimentos, observe o que precisa de ajustes e estabilidade para poder melhorar. **Favorável para Mercúrio.**

12 O pensamento pode voar para longe hoje, seja buscando um escape para as tensões, seja acessando caminhos verdadeiramente interessantes para a resolução das questões atuais. Mantenha o foco no que é prioridade, com atenção ao processo. **Favorável para Mercúrio.**

13 Se os assuntos não têm andado na velocidade que deseja, aproveite para revisar o roteiro de forma estratégica, avaliando os próximos passos e a que resultados você pode chegar. **Favorável para Saturno.**

14 O amor pede passagem com muita delicadeza e presença, lembrando que os bons afetos nos revigoram. Que tal presentear aquela pessoa especial, demonstrando seu sentimento e criando uma boa memória para vocês? **Favorável para Vênus.**

15 Sonho, intuição e magia já fazem parte de nós, de forma natural. Tudo o que precisa ser feito para vivenciá-los é observar com atenção e contemplar, colocando intenção nas pequenas coisas que nos acontecem. **Favorável para Marte.**

16 Consertar as coisas para deixá-las em ordem novamente não é apenas uma maneira de economizar; antes disso, é uma metáfora de quanto valorizamos o que temos. Sobretudo nos relacionamentos, reparações podem ser bem importantes hoje. **Favorável para Quíron.**

17 A vontade de crescer não está vindo à toa; os céus estão favorecendo passos mais ousados e destemidos rumo ao futuro. Contudo, antigos medos ainda podem nos afetar e, com isso, nos fazer perder o tempo das coisas. Não desanime. **Favorável para Júpiter.**

18 Algo mais sério pode estar acontecendo, mas ainda não estamos tratando disso com a atenção necessária; talvez estejamos até jogando o assunto para debaixo do tapete. Este é um bom momento para assumir a responsabilidade e entrar em ação. **Favorável para Lilith.**

19 Certas conquistas precisam de empenho, tempo e também imaginação, pois certa dose de criatividade pode ajudar a tirar as coisas da estagnação. Se for importante para você, persista. **Favorável para Marte.**

20 Este é um bom dia para colocar os assuntos pessoais em ordem, em particular temas de trabalho e finanças que precisem ser vistos com mais objetividade e mensurados por resultado. Cuide do que é seu. **Favorável para Vênus.**

21 Observe o que está precisando de mais integração em sua vida. Pode ser que você precise se integrar mais socialmente, ou ao ambiente de trabalho. Ou talvez necessite integrar os capítulos da vida, encontrando o fio que une os acontecimentos dela. **Favorável para Urano.**

22 Tudo que peça a participação harmoniosa de pessoas em conjunto está favorecido hoje, e este pode ser o diferencial nos assuntos da vida profissional e produtiva. Reunir pessoas em torno de um objetivo comum fortalecerá qualquer intento. **Favorável para Plutão.**

23 Uma mente perspicaz é capaz de perceber cenários mais amplos e processar maior quantidade de informações. Anote suas ideias, converse e dê espaço para arte. **Favorável para Mercúrio.**

24 A vida fica mais bonita quando o coração está leve e podemos nos encantar sem pressa, encontrando a doçura em nossas relações. Cultive bons momentos com pessoas especiais. **Favorável para Vênus.**

25 O dia favorece as artes visuais, particularmente exposições e cinema. Na área profissional, este é um bom momento para chegar a conciliações e bons acordos. **Favorável para Mercúrio e Vênus.**

26 A Lua Cheia em Áries nos conecta aos objetivos próprios, reconhecendo que nem sempre teremos a compreensão e o apoio dos outros, mas, ainda assim, devemos nos comprometer com as nossas realizações. **Favorável para Saturno.**

27 Às vezes podemos estar divididos ou em dúvida por tempo demais, a ponto de acabar aderindo ao que os outros decidiram. Pode estar na hora de criar coragem para tomar essas decisões por si mesmo, responsabilizando-se por sua escolha. **Favorável para Saturno.**

28 Resistências só são vencidas quando reconhecemos a dor que elas nos causam. Observe suas recusas à vida e como isso o prejudica hoje, entender isso é um gesto de amor-próprio. **Favorável para Quíron.**

29 As coisas boas da vida são para todos, não só para quem batalha. Todos merecem. Desfrute daquilo que há de bom ao seu alcance. **Favorável para Vênus.**

30 Movimentos e ideias mais ambiciosos podem começar a despontar. É importante manter a mente aberta, sem temer os novos aprendizados e acolhendo cenários mais positivos. **Favorável para Urano.**

OUTUBRO

1º O mês se inicia com o Sol em Libra reforçando o elemento Ar, promovendo novas ideias, encontros, parcerias e construções compartilhadas. Quem você quer que esteja ao seu lado para viver isso com você? **Favorável para Sol.**

2 Observe como ultimamente você vem tendo ideias e *insights* sobre como colocar seus planos pessoais em ação. Notou que de uma hora para outra os pensamentos têm sido mais favoráveis e você tem enxergado melhor as oportunidades? **Favorável para Urano.**

3 Um sentimento de indecisão pode visitá-lo hoje; esteja atento para não se perder no desânimo. Por outro lado, os relacionamentos podem estar precisando de mais atenção e presença; escolha bem onde estar. **Favorável para a Lua.**

4 Podemos deparar com muita sensibilidade e emoções fortes neste dia, em uma intensa conexão com o elemento Água, que é mais lento e introspectivo. Permita-se sentir. **Favorável para Vênus.**

5 Quando um não quer, dois não brigam. Por mais que uma situação peça que você se posicione claramente, tudo pode ser feito com cordialidade e educação. Não se precipite. **Desfavorável para Marte.**

6 Há quanto tempo você não se inspira nem se diverte em um ambiente mais descontraído, com pessoas que cultivam a alegria e os bons momentos? Talvez seja você quem possa reunir as pessoas e criar um bom momento. **Favorável para Júpiter.**

7 Dia de profundidade nos pensamentos, seja para resolver questões da vida prática ou para encaminhar assuntos de trabalho, ou mesmo para uma observação mais criteriosa da saúde e das finanças. **Favorável para Mercúrio.**

8 A Lua balsâmica chega trazendo mais consciência sobre tudo o que estiver desregulado, precisando de ajustes e correções. Este é um dia precioso para reflexões e decisões importantes; concentre-se. **Favorável para Mercúrio.**

9 Seus relacionamentos podem estar precisando de mais diálogo; comunique-se com clareza, expressando o que sente de verdade e escolhendo as melhores palavras para fazer isso. **Favorável para Saturno.**

10 A Lua Nova em Libra favorece as relações e parcerias, avaliando se há equilíbrio e reciprocidade nas convivências e se estamos nos desenvolvendo mutuamente nessas interações. **Favorável para Júpiter.**

11 Como é importante nos sentirmos seguros e amados! A segurança emocional é condição de estabilidade mental e nos fortalece para crescermos. **Favorável para Júpiter.**

12 Algumas conexões podem estar muito próximas de acontecer, e aquela pessoa especial ou situação desejada podem, sim, ser alcançadas se você tomar a iniciativa e der o primeiro passo. **Favorável para Vênus.**

13 A sensibilidade intuitiva enriquece o mundo interior, estimulando o nosso lado criativo. Mas, quando o coração está pesado, essa sensibilidade pode criar desconfianças e defensividade, gerando problemas desnecessários. Não caia nessas armadilhas. **Desfavorável para Netuno.**

14 Nem toda decisão pode ser tomada com cem por cento de certeza em relação ao resultado; às vezes é necessário arriscar e confiar que você será capaz de levar sua intenção adiante. **Favorável para Marte e Júpiter.**

15 Seus relacionamentos têm espaço para você se mostrar em sua autenticidade? Você pode contar com a compreensão da outra pessoa se precisar de um tempo ou uma experiência só para você? Estamos em tempos de maior liberdade nas relações, e podemos todos aprender muito com outras perspectivas. **Favorável para Urano.**

16 Lua e Lilith mostram se estamos fusionados em relações que nos emaranham, a ponto de não podermos mais decidir sobre questões pessoais sem a participação do outro. Será que isso está lhe fazendo bem? **Favorável para Lilith.**

17 Um forte sentimento de introspecção pode visitá-lo hoje, gerando a vontade de estar mais consigo mesmo. Respeite esse movimento e procure se harmonizar com os elementos da natureza; ela é sábia em seus ciclos e pode nos regular também. **Favorável para Mercúrio.**

18 Bons acordos são aqueles que podemos cumprir. Observe o que na sua vida exige muita entrega de sua parte, se há desequilíbrios lhe causando dores ou prejuízos e se você está mesmo dando conta disso. **Desfavorável para Marte.**

19 A vida vem fazendo convites para ampliarmos nossas amizades e nos dedicarmos a novos aprendizados, e, se estiver preso a situações que impeçam esse crescimento, você pode sentir muito desconforto com essa restrição de movimentos. **Favorável para Urano.**

20 Certos desenvolvimentos podem chegar aos trancos. Ainda que tenhamos planejado seguir passo a passo, há momentos em que os acontecimentos pedem respostas mais enérgicas, e isso acaba por nos revelar uma força que não conheceríamos de outra forma. **Favorável para Plutão.**

21 Hoje o dia pode trazer à memória alguns eventos de nossa vida em que precisamos de proteção e compreensão, e com isso podemos refletir sobre se temos hoje relacionamentos nos quais é possível nos nutrir e receber acolhimento, amorosamente e sem julgamentos. **Desfavorável para Vênus.**

22 Para compartilhar alguns sentimentos e sensações, podemos não encontrar as palavras certas. Mesmo assim, este é um dia para privilegiar os afetos e a compreensão, nutrindo espaços de confiança onde possamos estar sem medo. **Favorável para Mercúrio.**

23 Sol e Vênus se encontram em Escorpião e promovem a intuição, a observação de si mesmo e o reconhecimento daquilo que é desejado e, embora ainda não estivesse em nosso campo de consciência, agora começa a ter mais relevância. **Favorável para Vênus.**

24 Impulso, força e competitividade tornam este um dia especial para lograr avanços reais, especialmente na vida profissional, na qual podemos mostrar do que somos realmente capazes. Bom momento para as atividades físicas e os esportes. **Favorável para Marte.**

25 Seus planos pessoais podem estar precisando de um pouco mais de ousadia para acontecer. Está na hora de encarar seus medos de frente, confiando que hoje você tem mais experiência e recursos para superar as dificuldades. **Favorável para Quíron.**

26 Medo e confusão podem surgir, dando a sensação de que podemos estar diante de situações grandiosas demais, contra as quais não temos forças para lutar. Isso é apenas uma armadilha da mente; sintonize-se com a luz e a verdade para receber esclarecimento e direção. **Favorável para Sol.**

27 Pouco a pouco, os pensamentos começam a se alinhar e vamos nos dando conta de que existe uma sabedoria maior que conduz a vida e que vive em nós também. Silencie para ouvir sua voz interior. **Favorável para Mercúrio.**

28 Hoje o dia traz a oportunidade de enxergar as coisas de forma mais ampla, talvez pedindo que nos coloquemos em outras posições para chegar a novos pontos de vista. Sair do modo habitual de interpretar as coisas, acolhendo novas percepções, é sinal de crescimento. **Favorável para Urano.**

29 As relações pedem reflexões importantes para identificarmos as nossas expectativas atuais. Para casais, este é um tempo de diálogo e escuta, dando lugar a novos arranjos que elevem as relações. **Favorável para Vênus.**

30 O que você gostaria de ver nascer em sua vida hoje? Este é um dia bastante favorável à geração, para trabalharmos nossa intenção em imaginar e nos envolvermos com algo que precise surgir. Não importa qual seja o seu desejo, é tempo de fortalecê-lo com confiança. **Favorável para a Lua.**

31 Algumas memórias mais difíceis podem nos atravessar neste dia, trazendo de volta inseguranças e certa sensação de fragilidade. Procure se acolher e estar perto de pessoas queridas, que poderão lembrá-lo de que não está sozinho. **Desfavorável para Vênus.**

NOVEMBRO

1º Começamos o mês na força transformadora da Lua Minguante, que nos mostra o caminho para fazermos as mudanças necessárias hoje com mais consciência e determinação. O autorrespeito e o amor por si mesmo são chaves importantes neste momento. **Favorável para o Sol.**

2 Recupere suas forças. Recapitule onde foi que você se desconectou de si ou perdeu a fé, acabando por se perder também do seu caminho. Está na hora de reencontrar esse alinhamento maior e se fortalecer em confiança e positividade. **Favorável para Júpiter.**

3 Com o pensamento mais criterioso e analítico, será possível chegar às respostas que você está buscando neste dia. Preste atenção aos detalhes das situações; isso mostrará sutilezas para avaliar melhor. **Favorável para Mercúrio.**

4 Sol e Mercúrio *Cazimi* favorecem bastante os processos que precisem de compreensão para serem digeridos, ajudando-nos a alcançar as percepções necessárias para esse entendimento que hoje já podemos suportar. Esteja receptivo aos sonhos e à intuição. **Favorável para Mercúrio.**

5 Os céus trazem renovação de pensamento e já começam a indicar também outros caminhos, com boas notícias e novidades que podem nos surpreender. Aposte mais na vida social, procurando se aproximar das pessoas para aprender com elas. **Favorável para Urano.**

6 A Lua balsâmica chegou, favorecendo resoluções que nos preservem de carregar pesos e responsabilidades que não são nossos. Para algumas situações, desistir é, sim, uma opção, e o respeito que queremos encontrar nas relações precisa partir de nós para nós mesmos. **Favorável para Vênus.**

7 Em algum ponto do passado acreditamos que não poderíamos ser algo, ou nos expressar com total liberdade sem sermos punidos de alguma maneira. Está na hora de reavaliar isso; relações saudáveis têm espaço para a expressão verdadeira, sem termos medo nem vergonha de ser quem somos. **Favorável para Vênus.**

8 Podemos ter vivido grandes aprendizados nos últimos dias, e isso precisa agora de tempo para ser integrado. Procure repousar e não se cobre tanto; trabalhar em si mesmo é sua maior obra. **Favorável para Mercúrio.**

9 Chegamos à Lua Nova em Escorpião, um momento poderoso do ano para desapegos e superações de condições limitantes, principalmente vícios e condicionamentos. Do que você precisa se desemaranhar? **Favorável para Marte e Júpiter.**

10 Há muito o que fazer, e os céus lhe garantem energia e boa disposição para se engajar em seus projetos. Sobretudo na área profissional, este é um momento para se mostrar mais, evidenciar suas competências e ganhar a confiança das pessoas. **Favorável para Saturno.**

11 Pare de duvidar de si; assuma suas conquistas e perceba o que elas contam sobre você. Valorize essas histórias e se aproprie dessa força vibrante que já o sustentou antes. **Favorável para Marte.**

12 O dia favorece os projetos pessoais que precisem de iniciativa. A Lua conjunta a Lilith nos lembra de que precisamos cuidar de nossos projetos com diligência, para que ninguém tome de nós o mérito das nossas construções. **Favorável para Lilith.**

13 Hoje o dia pede certa cautela para lidar com assuntos financeiros e as pessoas, em particular nas questões de trabalho. Saiba se garantir se tiver algo a dizer e evite riscos desnecessários. **Desfavorável para Saturno.**

14 Quem se dedica amorosamente e de modo diligente sempre colhe bons frutos. Existe algo na sua vida que precisa dessa dedicação mais responsável? Assuma um compromisso. **Favorável para o Sol.**

15 Nenhum problema pode ser resolvido se estivermos no mesmo nível de consciência que o criou. Este é um dia que favorece os contatos, as conversas e as leituras que tenham o potencial de nos trazer a informação que precisamos para compreender melhor a vida e o nosso momento; esteja atento. **Favorável para Plutão.**

16 A vida amorosa passou por momentos desafiadores nos últimos dias, mas tudo pode melhorar se estivermos dispostos a repactuar as condições de nossas parcerias, com mais liberdade e respeitando a individualidade de cada um. **Favorável para Vênus.**

17 Novidades e boas notícias podem chegar neste dia, inclusive trazendo panoramas mais favoráveis nos assuntos financeiros. Mantenha-se alerta e perceptivo, reconhecendo as conexões entre os eventos e as oportunidades que trazem para você. **Favorável para Vênus.**

18 Uma nova perspectiva vem se estabelecendo na forma como você se relaciona com as pessoas mais significativas em sua vida. Procure demonstrar seu afeto de forma transparente, criando um ambiente mais aberto para a escuta e a compreensão. **Favorável para Mercúrio.**

19 O que você achava que não seria capaz de fazer ou que não seria forte o suficiente para concluir? Você não precisa suportar sozinho todas as batalhas; há pessoas que torcem por você e podem ajudá-lo a vencer as dificuldades. **Favorável para o Sol.**

20 As oportunidades que vivemos agora um dia foram o sonho de nossos ancestrais. É nosso dever valorizar a herança de vida que recebemos deles, aproveitando as chances recebidas para nos desenvolvermos e sermos seres humanos melhores. **Favorável para Netuno.**

21 Há algo a ser corrigido hoje para que você fique mais livre e possa se dedicar aos assuntos pessoais e ao seu desenvolvimento individual? Talvez você tenha se doado demais para manter os relacionamentos, mas isso, além de ser cansativo, tampouco funciona. **Favorável para Vênus.**

22 Quando há impedimentos à nossa expressão, e podemos dizer o que pensamos ou demonstrar nossos talentos, essa repressão pode nos acompanhar ainda que já estejamos em outros ambientes mais favoráveis. Observe se hoje em dia não é você mesmo quem está se reprimindo. **Favorável para Quíron.**

23 Não é sempre que chegamos a um entendimento claro sobre que coisas não fazem mais parte de nossa vida; portanto, se essa visão estiver despontando para você, é importante se afastar do que não serve mais, ou permitir que as próprias coisas ou pessoas se afastem. **Favorável para Marte.**

24 A Lua Cheia atrai situações inesperadas e fora de nosso controle, que têm o potencial de gerar grandes mudanças. Observe o que estiver se desmanchando; algumas rupturas são necessárias. **Favorável para Urano.**

25 Atenção aos sinais de mudança; este é um tempo de transformações e o melhor é se render aos novos cenários, fazendo planejamentos já com base neles. Algumas histórias pessoais pedem um novo começo. **Favorável para Urano.**

26 O elemento Fogo ativa em nós e opiniões fortes e intenções firmes. Algumas coisas podem estar pedindo enfrentamento e é importante se posicionar; porém, procure manter uma postura cautelosa e avalie bem os riscos. **Favorável para a Lua.**

27 Este é um dia de muita sensibilidade, com emoções mais fortes que o habitual, que favorece a intuição e as mensagens que chegam dos sonhos e de canais mais sutis. Todavia, nossa tolerância pode estar mais baixa; preserve-se das tensões. **Favorável para Lua.**

28 Se estiver sentindo que há algo a ser feito, faça-o sem demora. Em um nível mais intuitivo, estamos sendo mobilizados a ações importantes e que não podem esperar. **Favorável para Netuno.**

29 A força da criatividade hoje nos ajuda a vencer dificuldades e a nos destacar em relação aos demais, especialmente nos temas de trabalho e no amor. Aproveite para celebrar. **Favorável para Júpiter.**

30 Observe o que vem acontecendo e que sugere uma mudança no rumo das coisas; podem ser mudanças que vão ajudá-lo a resolver antigos problemas e que vieram de fato para ficar. Cuidado com acidentes. **Desfavorável para Urano.**

DEZEMBRO

1º O último mês do ano abre com a Lua Minguante, que nos convida aos encerramentos e tomada de decisões necessárias. Tudo a ser feito de maneira bem racional, atenta e responsável. **Favorável para Mercúrio.**

2 Algumas coisas são de mais fácil execução do que achávamos quando estávamos apenas pensando nelas. Nem tudo precisa ser complexo e trabalhoso, às vezes só é preciso começar. **Favorável para Mercúrio.**

3 Recuperar o encantamento nos relacionamentos é possível, seja por meio de novas ideias que vêm arejar a mente e trazer experiências diferentes, seja porque nos rendemos aos recomeços com seu convite irrecusável. O que você pode descobrir hoje? **Favorável para Vênus.**

4 Se há um ambiente que precisa de paz e tranquilidade, são as relações em que existe afeto. Esse é um campo que precisa se estabelecer em bases harmoniosas e agradáveis, nas quais possamos permanecer com confiança. Você pode confiar em quem você gosta? **Favorável para Vênus.**

5 Quais são os apegos que ainda o mantêm vinculado a uma situação difícil, dolorosa ou sem chance de alteração? Que lealdade é essa que o aprisiona e o impede de viver o seu melhor? Está na hora de soltar esses cordões emaranhados e se libertar. **Favorável para Vênus.**

6 Um pensamento mais intuitivo pode nos acompanhar ao longo do dia, trazendo percepções diferenciadas sobre as situações. No ambiente de trabalho, este pode ser um diferencial interessante para compreender e superar problemas. **Favorável para Mercúrio.**

7 Estamos na última Lua balsâmica do ano, que promove uma limpeza geral em pensamentos, sentimentos e no coração. Abra-se para receber outras visões de futuro. **Favorável para Vênus.**

8 Algumas experiências deste ano nos ajudaram a reencontrar a força, oferecendo direção e esclarecimentos. Este é um bom momento para recapitular o que aconteceu e o que isso promoveu em você. **Favorável para Mercúrio.**

9 A Lua Nova em Sagitário anuncia que a vida pode ser melhor, conectando-nos a outros cenários, mais positivos e interessantes. Os estudos, as viagens e os cuidados com a saúde ficam favorecidos. **Favorável para Júpiter.**

10 A Lua hoje se encontra com Lilith e marca em nosso pensamento a certeza de que não podemos desprezar os esforços que já fizemos para chegar até aqui. Valorize sua história. **Favorável para Lilith.**

11 Questões de trabalho ficam favorecidas neste dia, que traz disposição para vislumbrar bons projetos e se empenhar mais concretamente naquilo que tem chances reais de crescer. Seja atencioso e diligente, evitando retrabalhos. **Favorável para Marte.**

12 Certas reconfigurações de vida parecem inevitáveis hoje, e isso pode levar a ajustes necessários em parcerias, relacionamentos e rotinas do cotidiano. Seja flexível. **Favorável para Plutão.**

13 Observe bem os pensamentos que surgirem neste dia, pois a mente estará rápida e repleta de criatividade. Desse ponto podem surgir novos projetos e direções bem mais empolgantes. **Favorável para Urano.**

14 Que tal quebrar a rotina e fazer algo totalmente diferente hoje? Pode ser que, mesmo querendo se concentrar, a mente perambule solta por aí, precisando de novos estímulos. Aproveite para se dar alguns momentos de inspiração e frescor. **Favorável para Urano.**

15 Crítica, irritação e pressa podem deixar o dia mais tenso do que o necessário. Procure manter o foco no que realmente é importante, mas se focar for difícil isso é sinal de que você precisa de um descanso. **Desfavorável para Lua.**

16 A força da imaginação, que antecipa experiências e pode nos colocar em contato com futuros possíveis, estará presente neste dia de fortes intuições. O que você deseja atrair para sua vida? **Favorável para Vênus.**

17 Grandes histórias podem ser escritas para quem tem um coração capaz de acolher os sonhos, não importado o tamanho deles. Reconhecer os próprios sonhos e dar lugar para que cresçam dentro de nós é o primeiro passo para sua realização. **Favorável para Júpiter.**

18 O dia favorece a ação e a iniciativa, especialmente se estiver diante daquelas resoluções e providências que, na prática, vão abrir caminho para novos capítulos de sua vida. Não espere mais; faça por você o que precisar ser feito. **Favorável para Netuno.**

19 Certas dificuldades podem se impor neste dia, gerando atrasos e contrariedades. Cuidado com a reatividade e observe o que esses impedimentos podem estar mostrando, especialmente se houver algum aspecto de imaturidade a ser considerado. **Favorável para Saturno.**

20 Hoje é um dia muito especial e que pode operar curas profundas na forma como você se vê, se valoriza e se faz respeitar. Saiba que você importa e que seus sonhos também merecem o devido lugar. **Favorável para Quíron.**

21 Hoje o dia nos ensinará a persistir, a contornar obstáculos e, o mais importante, a confiar em nossa força. **Favorável para Marte.**

22 A vida vem pedindo expansão e oferecendo boas chances de iniciar outras histórias e se entregar à vivência de experiências diferentes, por meio das quais a novidade vai inspirá-lo a ser melhor. Se estiver considerando mudar, não hesite agora. **Favorável para Urano.**

23 Assumir grandes mudanças apenas por curiosidade pode ser tentador, mas, quando a curiosidade acaba, pode levar embora a capacidade de se adaptar à nova situação. Avalie bem e decida com seriedade. **Desfavorável para Mercúrio.**

24 A última Lua Cheia do ano acontece na véspera do Natal, convidando-nos a uma abertura maior de sentimentos e mais presença na vida de pessoas queridas. Bom momento para dar força ao que deseja materializar em sua vida. **Favorável para Vênus.**

25 Grandes transformações estão em curso no mundo e muita coisa já mudou definitivamente. Este é o momento de semear outros sonhos e se dedicar a projetos mais conscientes e responsáveis. **Favorável para Plutão.**

26 Os céus vêm favorecendo aqueles que não têm medo de desejar nem de acreditar. Tenha coragem para assumir os próprios desejos, defendê-los e lutar para que se realizem. **Favorável para Júpiter.**

27 Este é o melhor momento para se conectar com a força criadora da vida e da abundância. Procure se ligar a pensamentos e valores mais elevados, percebendo como a espiritualidade atua em tudo com inteligência. **Favorável para Júpiter.**

28 Quando estamos envolvidos de verdade em nossas realizações, alcançamos compreensões precisas que nos indicam exatamente o que precisamos fazer, no tempo certo. Não tente acelerar as coisas, mas esteja pronto para agir. **Favorável para Marte.**

29 Para que certas realizações saiam completamente do papel, é preciso dar espaço para que todas as etapas se cumpram. Com paciência e persistência, passo a passo, você vai ter a alegria dessa conclusão. **Favorável para Marte.**

30 A Lua Minguante vai nos conectando a um ritmo um pouco diferente, talvez nos mostrando que é preciso silenciar e nos harmonizar de dentro para fora. Busque a harmonia que vem da amorosidade. **Favorável para Netuno.**

31 O último dia do ano traz a força finalizadora da Lua em Libra e a tenacidade de Mercúrio *Cazimi*, apaziguando e ofertando serenidade para aceitarmos a trajetória vivida, bem como apresentando a visão de longo alcance para identificar o que estiver para surgir em nossos horizontes. Você venceu mais um ano; celebre! **Favorável para Mercúrio.**

Horóscopo Chinês 2026

A Astrologia chinesa, diferentemente da Astrologia gregoriana, que se baseia no ciclo solar, fundamenta-se no ano lunar, que dura 12 meses e 29 dias. Cada ano lunar é regido por um signo, representado por um animal. Segundo a tradição chinesa, os seres humanos recebem as características do signo regente de cada ano.

Verifique na tabela a seguir qual é o seu animal-signo tomando por base a data de seu nascimento. Se estiver interessado em conhecer seu signo Ascendente no horóscopo chinês, consulte também a tabela das horas regidas pelos signos.

Os anos lunares de 1924 a 2031			
Signos	**Período correspondente**	**Elemento**	**Polaridade**
Rato	de 5 de fevereiro de 1924 até 24 de janeiro de 1925	Madeira	+
Boi	de 25 de janeiro de 1925 até 12 de fevereiro de 1926	Madeira	–
Tigre	de 13 de fevereiro de 1926 até 1º de fevereiro de 1927	Fogo	+
Coelho	de 2 de fevereiro de 1927 até 22 de janeiro de 1928	Fogo	–
Dragão	de 23 de janeiro de 1928 até 9 de fevereiro de 1929	Terra	+
Serpente	de 10 de fevereiro de 1929 até 9 de janeiro de 1930	Terra	–
Cavalo	de 10 de janeiro de 1930 até 16 de fevereiro de 1931	Metal	+
Carneiro	de 17 de fevereiro de 1931 até 5 de fevereiro de 1932	Metal	–
Macaco	de 6 de fevereiro de 1932 até 25 de janeiro de 1933	Água	+
Galo	de 26 de janeiro de 1933 até 13 de fevereiro de 1934	Água	–
Cão	de 14 de fevereiro de 1934 até 3 de fevereiro de 1935	Madeira	+
Javali	de 4 de fevereiro de 1935 até 23 de janeiro de 1936	Madeira	–

Os anos lunares de 1924 a 2031			
Signos	**Período correspondente**	**Elemento**	**Polaridade**
Rato	de 24 de janeiro de 1936 até 10 de fevereiro de 1937	Fogo	+
Boi	de 11 de fevereiro de 1937 até 30 de janeiro de 1938	Fogo	–
Tigre	de 31 de janeiro de 1938 até 18 de fevereiro de 1939	Terra	+
Coelho	de 19 de fevereiro de 1939 até 7 de fevereiro de 1940	Terra	–
Dragão	de 8 de fevereiro de 1940 até 26 de janeiro de 1941	Metal	+
Serpente	de 27 de janeiro de 1941 até 14 de fevereiro de 1942	Metal	–
Cavalo	de 15 de fevereiro de 1942 até 4 de fevereiro de 1943	Água	+
Carneiro	de 5 de fevereiro de 1943 até 24 de janeiro de 1944	Água	–
Macaco	de 25 de janeiro de 1944 até 12 de fevereiro de 1945	Madeira	+
Galo	de 13 de fevereiro de 1945 até 1º de fevereiro de 1946	Madeira	–
Cão	de 2 de fevereiro de 1946 até 21 de janeiro de 1947	Fogo	+
Javali	de 22 de janeiro de 1947 até 9 de fevereiro de 1948	Fogo	–
Rato	de 10 de fevereiro de 1948 até 28 de janeiro de 1949	Terra	+
Boi	de 29 de janeiro de 1949 até 16 de fevereiro de 1950	Terra	–
Tigre	de 17 de fevereiro de 1950 até 5 de fevereiro de 1951	Metal	+
Coelho	de 6 de fevereiro de 1951 até 26 de janeiro de 1952	Metal	–
Dragão	de 27 de janeiro de 1952 até 13 de fevereiro de 1953	Água	+
Serpente	de 14 de fevereiro de 1953 até 2 de fevereiro de 1954	Água	–
Cavalo	de 3 de fevereiro de 1954 até 23 de janeiro de 1955	Madeira	+
Carneiro	de 24 de janeiro de 1955 até 11 de fevereiro de 1956	Madeira	–
Macaco	de 12 de fevereiro de 1956 até 30 de janeiro de 1957	Fogo	+
Galo	de 31 de janeiro de 1957 até 17 de fevereiro de 1958	Fogo	–
Cão	de 18 de fevereiro de 1958 até 7 de fevereiro de 1959	Terra	+
Javali	de 8 de fevereiro de 1959 até 27 de janeiro de 1960	Terra	–
Rato	de 28 de janeiro de 1960 até 14 de fevereiro de 1961	Metal	+
Boi	de 15 de fevereiro de 1961 até 4 de fevereiro de 1962	Metal	–
Tigre	de 5 de fevereiro de 1962 até 24 de janeiro de 1963	Água	+
Coelho	de 25 de janeiro de 1963 até 12 de fevereiro de 1964	Água	–
Dragão	de 13 de fevereiro de 1964 até 1º de fevereiro de 1965	Madeira	+
Serpente	de 2 de fevereiro de 1965 até 20 de janeiro de 1966	Madeira	–
Cavalo	de 21 de janeiro de 1966 até 8 de fevereiro de 1967	Fogo	+
Carneiro	de 9 de fevereiro de 1967 até 29 de janeiro de 1968	Fogo	–

Os anos lunares de 1924 a 2031			
Signos	**Período correspondente**	**Elemento**	**Polaridade**
Macaco	de 30 de janeiro de 1968 até 16 de fevereiro de 1969	Terra	+
Galo	de 17 de fevereiro de 1969 até 5 de fevereiro de 1970	Terra	–
Cão	de 6 de fevereiro de 1970 até 26 de janeiro de 1971	Metal	+
Javali	de 27 de janeiro de 1971 até 14 de fevereiro de 1972	Metal	–
Rato	de 15 de fevereiro de 1972 até 2 de fevereiro de 1973	Água	+
Boi	de 3 de fevereiro de 1973 até 22 de janeiro de 1974	Água	–
Tigre	de 23 de janeiro de 1974 até 10 de fevereiro de 1975	Madeira	+
Coelho	de 11 de fevereiro de 1975 até 30 de janeiro de 1976	Madeira	–
Dragão	de 31 de janeiro de 1976 até 17 de fevereiro de 1977	Fogo	+
Serpente	de 18 de fevereiro de 1977 até 6 de fevereiro de 1978	Fogo	–
Cavalo	de 7 de fevereiro de 1978 até 27 de janeiro de 1979	Terra	+
Carneiro	de 28 de janeiro de 1979 até 15 de fevereiro de 1980	Terra	–
Macaco	de 16 de fevereiro de 1980 até 4 de fevereiro de 1981	Metal	+
Galo	de 5 de fevereiro de 1981 até 24 de janeiro de 1982	Metal	–
Cão	de 25 de janeiro de 1982 até 12 de fevereiro de 1983	Água	+
Javali	de 13 de fevereiro de 1983 até 1º de fevereiro de 1984	Água	–
Rato	de 2 de fevereiro de 1984 até 19 de fevereiro de 1985	Madeira	+
Boi	de 20 de fevereiro de 1985 até 8 de fevereiro de 1986	Madeira	–
Tigre	de 9 de fevereiro de 1986 até 28 de janeiro de 1987	Fogo	+
Coelho	de 29 de janeiro de 1987 até 16 de fevereiro de 1988	Fogo	–
Dragão	de 17 de fevereiro de 1988 até 5 de fevereiro de 1989	Terra	+
Serpente	de 6 de fevereiro de 1989 até 26 de janeiro de 1990	Terra	–
Cavalo	de 27 de janeiro de 1990 até 14 de fevereiro de 1991	Metal	+
Carneiro	de 15 de fevereiro de 1991 até 3 de fevereiro de 1992	Metal	–
Macaco	de 4 de fevereiro de 1992 até 22 de janeiro de 1993	Água	+
Galo	de 23 de janeiro de 1993 até 9 de fevereiro de 1994	Água	–
Cão	de 10 de fevereiro de 1994 até 30 de janeiro de 1995	Madeira	+
Javali	de 31 de janeiro de 1995 até 18 de fevereiro de 1996	Madeira	–
Rato	de 19 de fevereiro de 1996 até 6 de fevereiro de 1997	Fogo	+
Boi	de 7 de fevereiro de 1997 até 27 de janeiro de 1998	Fogo	–
Tigre	de 28 de janeiro de 1998 até 15 de fevereiro de 1999	Terra	+
Coelho	de 16 de fevereiro de 1999 até 4 de fevereiro de 2000	Terra	–

Os anos lunares de 1924 a 2031			
Signos	**Período correspondente**	**Elemento**	**Polaridade**
Dragão	de 5 de fevereiro de 2000 até 23 de janeiro de 2001	Metal	+
Serpente	de 24 de janeiro de 2001 até 11 de fevereiro de 2002	Metal	–
Cavalo	de 12 de fevereiro de 2002 até 31 de janeiro de 2003	Água	+
Carneiro	de 1º de fevereiro de 2003 até 21 de janeiro de 2004	Água	–
Macaco	de 22 de janeiro de 2004 até 8 de fevereiro de 2005	Madeira	+
Galo	de 9 de fevereiro de 2005 até 28 de janeiro de 2006	Madeira	–
Cão	de 29 de janeiro de 2006 até 17 de fevereiro de 2007	Fogo	+
Javali	de 18 de fevereiro de 2007 até 6 de fevereiro de 2008	Fogo	–
Rato	de 7 de fevereiro de 2008 até 25 de janeiro de 2009	Terra	+
Boi	de 26 de janeiro de 2009 até 13 de fevereiro de 2010	Terra	–
Tigre	de 14 de fevereiro de 2010 até 2 de fevereiro de 2011	Metal	+
Coelho	de 3 de fevereiro de 2011 até 22 de janeiro de 2012	Metal	–
Dragão	de 23 de janeiro de 2012 até 9 de fevereiro de 2013	Água	+
Serpente	de 10 de fevereiro de 2013 até 30 de janeiro de 2014	Água	–
Cavalo	de 31 de janeiro de 2014 até 18 de fevereiro de 2015	Madeira	+
Carneiro	de 19 de fevereiro de 2015 até 7 de fevereiro de 2016	Madeira	–
Macaco	de 8 de fevereiro de 2016 até 27 de janeiro de 2017	Fogo	+
Galo	de 28 de janeiro de 2017 até 15 de fevereiro de 2018	Fogo	–
Cão	de 16 de fevereiro de 2018 até 4 de fevereiro de 2019	Terra	+
Javali	de 5 de fevereiro de 2019 até 24 de janeiro de 2020	Terra	–
Rato	de 25 de janeiro de 2020 até 11 de fevereiro de 2021	Metal	+
Boi	de 12 de fevereiro de 2021 até 31 de janeiro de 2022	Metal	–
Tigre	de 1º de fevereiro de 2022 até 21 de janeiro de 2023	Água	+
Coelho	de 22 de janeiro de 2023 até 9 de fevereiro de 2024	Água	–
Dragão	de 10 de fevereiro de 2024 até 28 de janeiro de 2025	Madeira	+
Serpente	de 29 de janeiro de 2025 até 16 de fevereiro de 2026	Madeira	–
Cavalo	de 17 de fevereiro de 2026 até 5 de fevereiro de 2027	Fogo	+
Carneiro	de 6 de fevereiro de 2027 até 25 de janeiro de 2028	Fogo	–
Macaco	de 26 de janeiro de 2028 até 12 de fevereiro de 2029	Terra	+
Galo	de 13 de fevereiro de 2029 até 2 de fevereiro de 2030	Terra	–
Cão	de 3 de fevereiro de 2030 até 22 de janeiro de 2031	Metal	+
Javali	de 23 de janeiro de 2031 até 10 de fevereiro de 2032	Metal	–

Os signos e as horas

Das 23h à 1h, horas governadas pelo Rato
Da 1h às 3h, horas governadas pelo Boi
Das 3h às 5h, horas governadas pelo Tigre
Das 5h às 7h, horas governadas pelo Coelho
Das 7h às 9h, horas governadas pelo Dragão
Das 9h às 11h, horas governadas pela Serpente
Das 11h às 13h, horas governadas pelo Cavalo
Das 13h às 15h, horas governadas pelo Carneiro
Das 15h às 17h, horas governadas pelo Macaco
Das 17h às 19h, horas governadas pelo Galo
Das 19h às 21h, horas governadas pelo Cão
Das 21h às 23h, horas governadas pelo Javali

Ano do Cavalo

De 17 de fevereiro de 2026 até 5 de fevereiro de 2027

O ano do Cavalo promete muitas novidades, como viagens, novos relacionamentos (ou mesmo a possibilidade de filhos, se essa for sua decisão), mudança radical de emprego (promoção ou oportunidade em outra empresa), sucesso nas relações familiares e uma virada na vida financeira.

O Cavalo é forte, amante da liberdade e obstinado, ou seja, supera todos os obstáculos. Por pertencer ao elemento Fogo, é impetuoso e persistente.

Logo, a tônica de 2026 será o trabalho árduo para a realização de nossos objetivos.

Mudanças de atividade serão muito bem-vindas!

No ano do Cavalo, as mulheres terão mais oportunidade de exercer a liderança. Haverá ainda diversas mudanças na ordem política, na área da saúde e no campo social, devendo estas se refletir em maior humanização no serviço público.

Como 2026 promete muitas novidades, mantenha a mente aberta a novas possibilidades, ouse mais e lembre-se de que o sucesso não ocorre por acaso e que apenas o trabalho árduo frutifica.

Eis o que nos reserva o ano do Cavalo

RATO: Com bastante empenho e obstinação, o ano se apresenta com enormes possibilidades de conquistas materiais e sucesso no campo profissional. O nativo deste signo se beneficiará muito no ano do Cavalo em questões amorosas, devendo iniciar um novo relacionamento ou reinventar o que já existe, já que o elemento Fogo representa mais ação e vitalidade. Na saúde, como contará com uma dose extra de energia, evite os excessos, usufruindo dessa energia para a prática de uma atividade física. Excelente momento para iniciar novos projetos.

BOI: Para o nativo deste signo, 2026 reserva muita vitalidade, o que o ajudará na realização de seus projetos. O ano do Cavalo promete uma grande guinada na vida financeira, desde que se atente às finanças e não se gaste mais do que se ganha. Muita cautela com parcerias comerciais cuja tônica seja um início de sociedade! Siga seu coração, mas sem perder o bom senso. Ano excelente para solução de questões mal resolvidas ou que ainda aguardavam uma solução. Saiba lidar com o emocional e, no campo dos relacionamentos, será tudo bem tranquilo. Na saúde, não se esqueça de valorizar o sono, pois dormindo bem você desempenhará melhor as atividades do seu dia.

TIGRE: Neste ano, o controle das emoções será quase uma obrigação, pois sua impulsividade poderá colocá-lo em situações delicadas. No campo profissional, evite tensões por conta do egocentrismo, respeitando o modo de ser dos outros e mantendo a calma e a serenidade em novas negociações. Você terá muita sorte e contará com amigos na realização de seus projetos. Na área da saúde, evite se desgastar muito e se alimente corretamente. No campo dos relacionamentos, uma boa dose de calma e paciência o ajudarão a manter um ambiente saudável.

COELHO: Como neste ano o elemento Fogo estará muito presente para o nativo deste signo, aconselha-se a ousadia em quase todos os campos da vida. No ambiente profissional, dê vazão a suas ideias e siga-as com pulso firme. Uma mudança de cargo, de empresa ou mesmo de atividade não está descartada. Na saúde, você vai vivenciar uma dose maior de energia, portanto, direcione-a a atividades físicas para evitar o estresse. O ano do Cavalo promete também ser excelente para iniciar ou apimentar o relacionamento. Evite conflitos desnecessários por excesso de ciúme, agindo sempre com parcimônia. Se tiver tempo sobrando, aventure-se em uma viagem romântica ou mesmo em família, pois ela renovará seu espírito!

DRAGÃO: O temperamento explosivo e a natureza volátil tornarão o nativo deste signo muito instável emocionalmente. Prudência, flexibilidade e uma dose de diplomacia evitarão muitos problemas. Espere várias mudanças no campo profissional, ainda mais se estiver fazendo alguma especialização. Tempo ideal para o início de um relacionamento, com atenção redobrada aos relacionamentos familiares. Questões relacionadas a herança podem vir a ser um aborrecimento. Evite grande esforço físico ou mental, pois ele irá se refletir em sua saúde. Mantenha uma dieta saudável e busque o equilíbrio, pois assim terá um ganho de vitalidade e energia.

SERPENTE: Quebrando paradigmas e conceitos antigos, você terá a certeza de vivenciar uma significativa mudança em seu estilo de vida. Profissionalmente, espere contratempos, embora nada de muito grave; mantenha o foco e a mente aberta, e tudo fluirá com tranquilidade. Amizades e parcerias comerciais serão muito úteis no decorrer deste ano. Os relacionamentos estão favorecidos, embora não deva deixar de lado sua família. Mantenha-se ativo, tanto em relação ao corpo quanto à mente, e pratique exercícios físicos; desse modo, haverá uma transformação considerável no seu modo de ver as coisas.

CAVALO: Em 2026, ano deste signo, *reinvenção* é a palavra-chave. A mudança de comportamento leva à mudança de sentimentos, o que será de grande valia em todos os aspectos da vida deste nativo. Nos campos profissional e amoroso, muitas novidades o aguardam, e será preciso ter discernimento para tirar o melhor proveito delas. Evite aborrecimentos desnecessários, pois irão refletir diretamente em sua saúde. Reserve um tempo para estudos e viagens, e tente manter uma rotina mais saudável; sua saúde agradecerá.

CARNEIRO: Poderá surgir uma oportunidade comercial, mas muito cuidado para não se deixar levar pelas emoções; pondere os prós e os contras para tomar uma decisão acertada. Os relacionamentos, de certa maneira, vão mudar seu estilo de vida; esteja aberto a mudanças em sua rotina. Preste também bastante atenção às relações familiares, dedicando uma parcela de tempo ao bem-estar da família. Uma palavra importante para o nativo deste signo é *harmonia*; levando isso em conta, embora uma gama de possibilidades possa surgir no decorrer deste ano, use a calma e o bom senso para tirar o melhor proveito delas. No campo da saúde, haverá uma significativa transformação em sua qualidade de vida; mantenha apenas a perseverança.

MACACO: Ano bem proveitoso nos campos profissional e pessoal, desde que seja bastante flexível e mantenha o bom humor. Muitos entraves vão aparecer nessas duas áreas, mas, usando de sabedoria e calma, você se sairá bem em todas as situações. Espere uma promoção ou algo do tipo; uma sociedade também não está

descartada, ou mesmo uma nova forma de empreender. Só tenha o cuidado de não se deixar levar pelos sentimentos; se for o caso, peça conselhos a um amigo, sem se precipitar. Mantenha a qualidade de vida praticando meditação.

GALO: Bom ano para retomar os projetos deixados em segundo plano; conte com a sorte e bons amigos para a realização deles. A área dos relacionamentos estará um pouco conturbada; leve menos as coisas a ferro e fogo, e terá melhores resultados. Um ponto a ser melhorado é seu lado possessivo, que em 2026 estará mais aflorado do que nunca. Tenha muita perseverança em tudo o que fizer, e o sucesso estará garantido! No campo da saúde, espere mudanças significativas na qualidade de vida com a prática de uma atividade física. Dedique tempo a você, estudando ou mesmo descansando em silêncio, pois isso vai ajudar a reorganizar vários aspectos de sua vida.

CÃO: Por ser uma pessoa fiel aos seus princípios e ter um senso de justiça bastante apurado, no ambiente profissional, você colherá bons frutos, e haverá uma mudança de cargo e, consequentemente, também financeira. Tente dar mais valor aos relacionamentos familiares neste ano; fatores externos tenderão a criar desavenças nessa área. Mantendo a calma e sendo sobretudo a pessoa justa que é, você vai conseguir ultrapassar todos esses entraves. Na saúde, fuja dos excessos, principalmente em relação ao álcool. Mantenha uma dieta equilibrada e não se esqueça de beber bastante água. De modo geral, não lhe faltarão oportunidades neste ano.

JAVALI: Graças a sua produtividade e esforço, espere um impulso positivo em sua carreira, pois este ano será excelente para o seu reconhecimento profissional – e você contará com parcerias para colher esses resultados. Nos relacionamentos, espere uma mudança de *status*; permaneça aberto a novidades. Evite também perder seu tempo com coisas insignificantes, pois elas tenderão a atrapalhar a conquista de seus objetivos. Na saúde, poderá surgir um probleminha ou outro, mas nada muito grave. Tire proveito de todas as oportunidades que aparecerem. Este será um ano de muitas conquistas!

Tendências Astrológicas para o Brasil em 2026

O regente de 2026 será Marte, planeta que é a representação arquetípica do guerreiro e a força que nos anima e nos coloca de pé para a batalha da vida. Com Marte temos força, vitalidade, vontade, movimento, abertura de caminhos e coragem para enfrentar desafios e superar limites. Portanto, é hora de arregaçar as mangas e dar vida aos seus projetos, pois Marte favorece os avanços e as conquistas que afirmam nossa capacidade.

Na vida coletiva, Marte favorece a engenharia, indústria e transportes, estimulando obras públicas que trazem progresso. Porém, pode intensificar conflitos e dar ênfase à atuação militar.

Revolução Solar

Uma quadratura entre Sol-Mercúrio e Lua, com ponto focal em Urano na Casa III, indica um ano com disputa de narrativas, mau uso das redes sociais, exploração de notícias falsas (*fake news*) e instabilidades na governabilidade do país.

Nesse mapa, o Sol está na Casa VI e recomenda atenção à saúde pública, farmácia, alimentação e meio ambiente. Sugere mudanças no funcionalismo público e educação básica.

A Lua em Peixes na Casa XII sinaliza melhorias nos hospitais, setor psiquiátrico, cuidados paliativos e uso compassivo de medicamentos e ervas. A vida no sistema prisional precisará de mais atenção. Este será o eixo do mapa sujeito a eclipses, atraindo acontecimentos que pedirão soluções mais efetivas nessas áreas ao longo do ano.

O Ascendente e o Nodo Norte estão em Peixes, com Netuno e Saturno em conjunção. Há uma grande força de reconstrução coletiva, sendo importante direcioná-la para uma materialização coletiva digna e virtuosa.

Plutão está em Aquário na Casa XI, da representação popular, criação e alteração das leis. Pode surgir um novo processo legislativo que permita maior participação dos eleitores na produção de leis por meio digital. A população pode participar mais da vida política, porém enfrentando resistências como alterações no regime de governo nas condições de representatividade.

Marte na Casa VIII em Libra e Júpiter na Casa V em Câncer sinalizam a prevenção da violência contra a mulher e da mortalidade materna, considerando com responsabilidade o fato de que na maioria dos casos os agressores das mulheres são seus maridos ou ex-companheiros, e que a maioria absoluta dos casos de morte materna é evitável.

Marte na Casa VIII também impulsiona o setor econômico com investimentos vindos do exterior, mas anuncia aumento de tributos e maior fiscalização.

Quíron em Áries na Casa II dá ênfase à soberania dos povos que compõem a nação brasileira, favorecendo políticas econômicas de afirmação para grupos específicos e instrumentalizando reparações a vítimas do Estado.

Vênus em Leão na Casa V, com Júpiter ingressando nessa área, indica um crescimento nos investimentos destinados à educação infantil e esportes. Os setores literário, artístico, de diversão e entretenimento também ficam favorecidos, especialmente o teatro e o cinema.

Momentos importantes do ano

O ano de 2026 inicia com a Lua Crescente em Gêmeos no curso de uma lunação de Casa XI, sugerindo maior interesse da população em participar das construções sociais e da vida política do país. Na Lua Cheia em Câncer, os temas de infância, maternidade e direitos no trabalho ficam em evidência.

Em janeiro, a Lua Nova em Capricórnio num *Stellium* liderado por Plutão, marca um período de agitação social e possíveis reconfigurações dos quadros de governo. A Lua Cheia em Leão sobre Vênus natal impulsiona as cooperações internacionais, as finanças e a área artística. Os setores universitário e científico ficam mobilizados.

Em fevereiro, os eclipses atrairão a atenção internacional para o Brasil. A lunação de Aquário recomenda cautela na verificação de notícias. Saturno e Netuno encontram Plutão natal na Casa II, promovendo alterações significativas no ambiente tributário. Novos paradigmas irão definir a economia e o orçamento do governo, prezando a independência.

No início de março, um eclipse lunar na Casa VIII pede atenção ao setor da saúde coletiva e traz revelações no campo político. A Lunação de Peixes favorece o uso da tecnologia na segurança pública e põe em evidência a intolerância religiosa e abusos praticados por líderes religiosos.

Em abril, a Lua Cheia em Libra trata da diversidade na espiritualidade do nosso povo e ilumina os temas dos direitos dos indígenas, racismo e ditadura. A Lua Nova em Áries favorece os transportes, o comércio, os esportes e a educação, e pede compromisso com a verdade ao setor jornalístico e de mídias sociais.

Em maio, a Lua Cheia em Escorpião favorece o turismo, viagens e universidades, podendo também mobilizar ajustes no setor judiciário com novas interpretações das leis. Urano retorna a Gêmeos e ativa a Lua e Júpiter natais, movimentando o setor de bares, restaurantes e entretenimento. A Lua Nova em Touro favorece a ciência, tecnologia e telecomunicações e a modernização de processos de produção e aplicação das leis.

Em junho, a Lua Cheia em Sagitário ativa a Lilith natal e pode iniciar um importante debate a respeito dos direitos das mulheres, especialmente direitos reprodutivos. Novamente, as questões envolvendo liberdade religiosa ganham destaque. Atenção para escândalos e *fake news*. A Lua Nova em Gêmeos movimenta a pauta dos cuidados com a infância e juventude, dando enfoque ao setor da educação com mudanças curriculares.

Em julho, a Lua Cheia em Capricórnio favorece visões mais conservadoras e promove os temas do cuidado, maternidade e infância. A Lua Nova em Câncer dá destaque à área de trabalho e emprego, recomendando novas práticas e a atualização das leis, contemplando a economia do cuidado, proteção ao pequeno empreendedor e a flexibilização das regras do funcionalismo público.

Em agosto, a Lua Cheia em Aquário ativa o Nodo Norte do país e dá maior visibilidade e reconhecimento ao Brasil, com apoio ao seu governante. Um eclipse solar na Lua Nova em Leão em conjunção a Júpiter reposiciona o Brasil com autoridade no cenário internacional e favorece os investimentos no país.

Em setembro, os temas da economia, finanças e tributos retorna na Lua Cheia em Peixes, porém com prováveis anúncios de fomento à economia popular e a políticas de assistência. A Lua Nova em Virgem sobre o Sol natal dá continuidade às medidas econômicas, podendo impulsionar debates sobre carga de trabalho e saúde coletiva, especialmente a dignidade na assistência a pessoas institucionalizadas. A Lua Cheia conjunta a Netuno dá visibilidade aos direitos humanos fundamentais e aponta novos entendimentos sobre distribuição de renda.

Em outubro, a Lua Nova em Libra movimenta o Poder Judiciário, abrindo caminho para ações afirmativas de direitos e reparações históricas que promovam a pacificação social. A Lua Cheia em Touro, conjunta a Saturno natal, favorece a melhor regulação da mídia e das redes sociais, e aponta uma estabilização positiva dos índices econômicos.

Em novembro, a Lua Nova em Escorpião pode aprofundar discussões sobre direitos reprodutivos e proteção das mulheres contra a violência. Fica em evidência a representação do país no cenário internacional, porém imprevistos com o governante pedem atenção na Lua Cheia conjunta a Urano em Gêmeos. A produção de arte e cultura no país, além do turismo nacional, ficam favorecidos.

Em dezembro, a Lua Nova em Sagitário dialoga com Saturno em Áries e traz novidades às aposentadorias e opções de segurança financeira para o futuro. Na Lua Cheia, alinhada a Urano natal e em trígono a Marte em Virgem, podem chegar desafios relativos à proteção ambiental e a mudanças climáticas, envolvendo os direitos das pessoas diante dessas situações. Na noite de Natal, a Lua Cheia em Câncer desperta o compromisso com a construção de um mundo diferente, com mais consciência dos efeitos de nossas ações a longo prazo no cenário coletivo, no planeta e nas futuras gerações.

Marte, Regente de 2026

A Astrologia é um campo de conhecimento que visa compreender os ciclos da vida, e sua linguagem simbólica é uma ponte estendida entre o cosmo e a humanidade como um todo.

Astrologicamente, Marte rege os signos de Áries e Escorpião, sendo Plutão seu corregente. Os temas marcianos se referem aos mitos de heróis, indivíduos que se destacam pela força e ousadia no cumprimento de suas tarefas, e, sobretudo, por sua infinita força de superação. Poderemos nos munir desse espírito guerreiro e que enfrenta adversidades, não de forma cega ou obstinada, mas sabendo controlar nossas emoções e estando conscientes das metas que pretendemos atingir. Tudo isso ocorrerá de acordo com esse forte arquétipo, bem como de acordo com os demais aspectos e relações que ele estabelecer com outros planetas no decorrer de todo o ano.

No ano de 2026 Marte vai dinamizar e intensificar todos os temas a ele relacionados: competição, liderança, iniciativas, audácia, coragem, busca da identidade, independência, vitalidade física, energia masculina em geral, a luta pela vida e pela autoafirmação. A Astrologia como poderoso instrumento de autoconhecimento não é simplesmente uma ferramenta para justificação de tendências, mas sim para o aprimoramento do processo evolutivo de cada um de nós.

A seguir, o leitor poderá considerar as tendências de Marte em Áries ou na primeira casa e assim por diante na sequência já estabelecida da ordem zodiacal.

Marte em Áries ou na Casa I – A aparência física é robusta, forte, suas ações são geralmente assertivas e diretas, o que muitas vezes pode causar dificuldades nos relacionamentos.

Marte em Touro ou na Casa II – Talentos para ganhar dinheiro e assumir riscos em investimentos mais ousados. Tendência a impulsividade para gastar mais do que tem ou pode.

Marte em Gêmeos ou na Casa III – Presença de espírito, curiosidade, poder argumentativo, rapidez na comunicação, que pode ser agressiva ou provocativa. Êxito em negócios, turismo interação social.

Marte em Câncer ou na Casa IV – Prazer em ficar em casa, fazer reformas ou melhorias no ambiente doméstico. Pode haver intolerância com familiares, pois quer impor as suas opiniões.

Marte em Leão ou na Casa V – Espírito criativo ou arrojado, gosta de romances breves e intensos. Sucesso em esportes, jogos e competições, tudo o que exige a energia de ação.

Marte em Virgem ou na Casa VI – Interesse em atividades técnicas, mecânicas ou numéricas. Sabe liderar os colegas no trabalho. Tendência a somatizações por estresse emocional.

Marte em Libra ou na Casa VII – Energia positiva para fazer parcerias; sabe encorajar o outro. Precisa desenvolver o dom da estratégia e evitar a pressa em demasia.

Marte em Escorpião ou na Casa VIII – Atração por assuntos ocultos ou misteriosos, e pela psicologia em geral. Gosta de experiências sexuais ousadas, Coragem para investimentos arriscados, com enriquecimento rápido.

Marte em Sagitário ou na Casa IX – Pode indicar interesses em viagens longas, filosofia, religiões e causas humanitárias. Entusiasmo, luta por suas convicções e valores, senso de justiça exacerbado.

Marte em Capricórnio ou na Casa X – Pode mostrar ambição e garra na vida profissional; natureza competitiva e eficiente que pode trazer sucesso e notoriedade. Deve evitar o autoritarismo.

Marte em Aquário ou na Casa XI – Espírito visionário e pioneiro; forte intuição. Gosta de atividades em grupo e estimula os amigos. Gosta de compartilhar experiências com todo o tipo de pessoa.

Marte em Peixes ou na Casa XII – Indivíduo introspectivo, gosta de ficar só. Não divide seus desejos e projetos muito facilmente. Identifica-se com o sofrimento humano e com as profissões de ajuda.

Particularidades e correspondências astrológicas de Marte

- **Elemento:** Fogo.
- **Signos que rege:** Áries e Escorpião.
- **Ritmos:** cardinal e fixo, respectivamente.
- **Funções psíquicas:** intuição e sentimento.
- **Natureza:** assertiva, corajosa, audaciosa, masculina, competitiva e rápida.
- **Pedras:** granada e rubi.
- **Cores:** vermelho e escarlate.
- **Metal:** ferro.
- **Animais:** cavalo, tigre, lobo, aves de rapina.
- **Plantas:** cacto, gengibre, pimenta, cebola, manjericão, alcaparra, mulungu.
- **Flores:** flor-de-laranjeira, verbena, antúrio, tulipas, begônia, bico-de-papagaio.
- **Profissões:** soldados, generais, esportistas, engenheiros mecânicos, químicos, metalúrgicos, bombeiros.
- **Anatomia zodiacal:** cabeça, cérebro, nervos motores, maxilares, dentes e olhos.
- **Doenças:** nevralgia, edema cerebral, enxaqueca, calvície, inflamações nos olhos, febre alta, inflamações, insônia, erupções e ferimentos na face.
- **Símbolo:** a cruz da matéria repousa sobre o círculo do espírito, o que representa desejo e conflito. Para outros, a seta deitada representa a lança de Marte, que representa o soldado, o guerreiro.
- **Lema:** "Eu ajo" e "Eu transformo", respectivamente.
- **Características positivas:** coragem, audácia, espírito empreendedor, liderança, magnanimidade, independência, altivez, assertividade, carisma, iniciativa, presença.
- **Características negativas:** destrutividade, autoritarismo, egoísmo, sarcasmo, ironia, crueldade, agressividade, impaciência, arrogância.

Marte na mitologia, na Astrologia e no Tarô

Marte na mitologia

Na antiga Grécia, Ares era o deus das guerras, filho de Zeus e Hera. Embora tivesse ascendência direta de deuses do Olimpo, essa divindade ocupava um lugar secundário no panteão grego.

Colérico, brutal e agressivo, Ares tinha dois escudeiros que o acompanhavam o tempo todo, inclusive nos campos de batalha: Deimos (terror) e Phobos (medo). Posteriormente, esses foram os nomes dados às atuais luas de Marte. Tinha esse deus mais dois acompanhantes: Eris (discórdia) e Ênio (o destruidor das cidades).

Ares não era muito admirado pelos gregos; seu papel se restringia a guerrear simplesmente. Sendo assim, estava mais relacionado à coragem cega, ao ódio, à crueldade. Apesar de sua tremenda força física, Ares acabava por perder muitas batalhas, tendo de se retirar humilhado e vencido. Entre ele e sua irmã, Palas Atena, filha de Zeus, havia uma rivalidade profética. Segundo o mito, Palas Atena havia nascido da cabeça de seu pai, Zeus, e, portanto, foi gerada sem mãe. Ela era o símbolo da justiça e das estratégias de guerra, e acabava vencendo as batalhas devido à sua inteligência e por lutar em prol de causas mais elevadas. Era a deusa preferida dos heróis gregos, que invocavam sua presença para auxiliá-los nas guerras.

Na cultura romana, Ares encontrou sua correspondência em Marte, o deus da guerra, ocupando um lugar de destaque e tendo muitos poderes, em posição mais elevada até do que Júpiter.

A origem do nome Marte pode vir da raiz *mas*, que significa "força geradora", ou da raiz *mar*, que significa "brilhar". Marte era também chamado de Marte Gradivus, este último termo derivado de *grandiri*, que significa "tornar-se grande, crescer".

Acreditava-se que Marte era pai de Rômulo e Remo, os fundadores de Roma, dando-se assim a Marte o *status* de fundador da República Romana.

Além de ser o deus da guerra, era cultuado como o deus da agricultura, da primavera e da vegetação, sempre relacionado à fertilidade, ao crescimento e ao vir a ser. O Marte romano tinha dois acompanhantes cujos nomes possuíam significados diferentes: Honor (honra) e Virtus (virtude). Os romanos acreditavam que seu destino e finalidade como povo era algo honroso e virtuoso, ou seja, o de governar o mundo dessa forma. O militarismo e o espírito de conquista estavam profundamente arraigados na cultura romana e muito ligados à figura de Marte. Essa civilização, como se sabe, ficou conhecida por seu notável império, suas batalhas, poder bélico e por sua capacidade de dominar, qualidades essenciais de Marte, tanto do ponto de vista mitológico quanto do astrológico.

Os heróis de muitas mitologias são a personificação da força arquetípica de Ares/Marte. O herói é aquele que deve sair pelo mundo e vencer seus inimigos para poder sobreviver; aquele que terá de matar dragões, atravessar florestas ou oceanos, enfrentar monstros ou dificuldades aparentemente intransponíveis. Poderá ou não encontrar o amor, mas voltará ao seu lugar de origem mais sábio e transformado por suas incríveis experiências.

Marte não foi muito feliz nas questões de amor. Conta o mito que Afrodite, casada com Hefesto, teve inúmeros amantes, entre eles, Marte. Ao entardecer, os dois se encontravam às escondidas e, para não serem descobertos em seus jogos de amor, traziam consigo um menino chamado Alectryon. Este ficava na porta como sentinela e os avisava quando o dia amanhecia. Contudo, em uma noite fatal, a sentinela dormiu, e o casal foi surpreendido por Hélios, o Sol, aquele que tudo vê, apressando-se este em avisar o marido traído. Hefesto, o deus da forja, muitíssimo irado, teceu uma rede invisível de ouro e nela prendeu Afrodite Vênus e seu rival, que ainda estavam no leito. Não satisfeito com isso, chamou todos os deuses para que contemplassem o terrível adultério, acreditando que ficariam escandalizados. No entanto, todos se divertiram muito com a cena e deram uma gargalhada tão sonora, que a abóbada celeste chegou a oscilar. Livre da armadilha, Afrodite, envergonhada, foi para Chipre, e Marte foi para a Trácia. Alectryon também foi castigado: transformaram-no em galo e, assim, ele foi obrigado a cantar eternamente em todas as madrugadas para anunciar a chegada do Sol.

Marte na Astrologia

A simbologia astrológica tem sua origem no Hemisfério Norte, e Áries, signo regido por Marte, corresponde à entrada do ano zodiacal e também ao início da primavera, onde se manifesta a renovação da vida e da natureza na exuberância de toda a vegetação e das flores.

As influências marcianas estimularão nossa natureza vital, a combatividade, a criatividade e a assertividade. Marte, como símbolo da vontade e princípio masculino impositivo, irriga-nos com mais força física para realizarmos nossas metas. É fundamental ressaltar a importância da agressividade como significativa faceta da personalidade humana. No desenvolvimento da criança, ela serve para efetivar seu impulso básico por autonomia e independência em relação à mãe e ao meio ambiente. Marte é a força intrínseca que leva o indivíduo a querer dominar as coisas, vale dizer, Marte é a energia para nos tornarmos aquilo que pretendemos ser.

O planeta Marte, quando bem colocado em um mapa astrológico, representa a capacidade de enfrentar obstáculos com força e coragem. Com aspectos difíceis, Marte pode indicar agressividade, rancor, ira, violência, energia vital bloqueada e impaciência.

Assim, este ano poderá trazer um fortalecimento de nossa vontade e garra, e, se pudermos dar continuidade às iniciativas tomadas, haverá uma sensação de satisfação muito positiva. Quem não gosta de ver um sonho ou projeto de vida realizado? Além do mais, a ação corajosa de Marte nos inclina a atitudes mais confiantes e entusiasmadas.

Astrologicamente, o planeta Marte representa a afirmação da individualidade, ação, iniciativa, imposição da vontade. Marte é a personificação do herói, aquele que precisa conquistar algo ou alguém para si e para o mundo. Marte como símbolo de motivação pessoal se manifesta por meio da liderança, da assertividade, dos desejos e da imposição da vontade. Os anseios marcianos são de autoafirmação, agressividade, impulsividade sexual e tendência para agir de forma decidida e rápida. Marte representa as forças física e instintiva, o amor pela competição, a energia voltada para um alvo definido. A jornada do herói é sempre exterior e interior, e sua meta é a busca da própria identidade e afirmação pessoal.

Neste ano, também é possível que tenhamos o recrudescimento da violência urbana de modo geral, bem como o aumento das tensões internacionais entre grandes potências que buscam o aumento de poder por meio da indústria bélica. Os conflitos e as revoltas em toda a regiao do Oriente Médio, mais especificamente entre palestinos e judeus, as disputas territoriais na região da antiga União Soviética parecem estar longe de soluções pacíficas.

Marte e o Tarô

O arcano VII do Tarô é O Carro, que nos mostra a imagem de uma carruagem puxada por dois cavalos e dirigida por um homem. Esse tem uma coroa dourada, um escudo no peito e um cetro em uma das mãos. Ele deve direcionar e dominar os cavalos que possuem grande energia vital e instintiva. O escudo será sua proteção nos combates e nas etapas evolutivas de sua jornada.

Sua força está em manter o carro equilibrado e firme sobre duas rodas, e também o domínio sobre os cavalos, expressando coragem, vontade, assim como a determinação e habilidade na execução prática para cumprir esse desafio.

Portanto, o condutor é considerado como um mensageiro de dois princípios relacionados ao desenvolvimento e fortalecimento da personalidade na caminhada de sua existência

Na arte divinatória, O Carro representa o triunfo da coragem, do empenho e da perseverança, manifestando a superação da inércia que leva o indivíduo a tomar as rédeas de seu destino, e desta forma ter êxito em suas conquistas.

Entrada do Sol nos Signos para 2026

	Signo	Data	Horário
	AQUÁRIO	19 de janeiro	22h46
	PEIXES	17 de fevereiro	12h53
	ÁRIES	20 de março	11h47
	TOURO	19 de abril	22h40
	GÊMEOS	20 de maio	21h38
	CÂNCER	21 de junho	5h26
	LEÃO	22 de julho	16h14
	VIRGEM	22 de agosto	23h20
	LIBRA	22 de setembro	21h06
	ESCORPIÃO	23 de outubro	6h39
	SAGITÁRIO	22 de novembro	4h24
	CAPRICÓRNIO	21 de dezembro	17h51

Tábua Solar para 2026

O Sol caminha em média 1 grau por dia ao se deslocar ao longo do zodíaco. Nesta tabela, você vai encontrar a posição dele a cada 5 dias, calculada para a meia-noite e a partir do meridiano de Greenwich.

Janeiro			Fevereiro			Março		
Dia	**Posição**	**Signo**	**Dia**	**Posição**	**Signo**	**Dia**	**Posição**	**Signo**
1º	10°34’	Capricórnio	1º	12°7’	Aquário	1º	10°24’	Peixes
5	14°38’	Capricórnio	5	16°10’	Aquário	5	14°24’	Peixes
10	19°44’	Capricórnio	10	21°14’	Aquário	10	19°25’	Peixes
15	24°49’	Capricórnio	15	25°18’	Aquário	15	24°24’	Peixes
20	29°55’	Capricórnio	20	1°21’	Peixes	20	29°23’	Peixes
25	5°0’	Aquário	25	6°23’	Peixes	25	4°21’	Áries
31	11°6’	Aquário	28	9°24’	Peixes	31	10°17’	Áries
Abril			**Maio**			**Junho**		
Dia	**Posição**	**Signo**	**Dia**	**Posição**	**Signo**	**Dia**	**Posição**	**Signo**
1º	11°16’	Áries	1º	10°38’	Touro	1º	10°32’	Gêmeos
5	15°13’	Áries	5	14°31’	Touro	5	14°22’	Gêmeos
10	20°8’	Áries	10	19°21’	Touro	10	19°9’	Gêmeos
15	25°2’	Áries	15	24°11’	Touro	15	23°56’	Gêmeos
20	29°55’	Áries	20	29°0’	Touro	20	28°42’	Gêmeos
25	4°48’	Touro	25	3°49’	Gêmeos	25	3°28’	Câncer
30	9°40’	Touro	31	9°34’	Gêmeos	30	8°14’	Câncer
Julho			**Agosto**			**Setembro**		
Dia	**Posição**	**Signo**	**Dia**	**Posição**	**Signo**	**Dia**	**Posição**	**Signo**
1º	9°12’	Câncer	1º	8°47’	Leão	1º	8°35’	Virgem
5	13°0’	Câncer	5	12°36’	Leão	5	12°27’	Virgem
10	17°46’	Câncer	10	17°24’	Leão	10	17°19’	Virgem
15	22°33’	Câncer	15	22°12’	Leão	15	22°11’	Virgem
20	27°19’	Câncer	20	27°1’	Leão	20	27°3’	Virgem
25	2°5’	Leão	25	1°50’	Virgem	25	1°57’	Libra
31	7°49’	Leão	31	7°37’	Virgem	30	6°51’	Libra
Outubro			**Novembro**			**Dezembro**		
Dia	**Posição**	**Signo**	**Dia**	**Posição**	**Signo**	**Dia**	**Posição**	**Signo**
1º	7°50’	Libra	1º	8°34’	Escorpião	1º	8°47’	Sagitário
5	11°46’	Libra	5	12°34’	Escorpião	5	12°50’	Sagitário
10	16°42’	Libra	10	17°35’	Escorpião	10	17°55’	Sagitário
15	21°39’	Libra	15	22°37’	Escorpião	15	23°0’	Sagitário
20	26°37’	Libra	20	27°40’	Escorpião	20	28°5’	Sagitário
25	1°35’	Escorpião	25	2°43’	Sagitário	25	3°11’	Capricórnio
31	7°34’	Escorpião	30	7°46’	Sagitário	31	9°18’	Capricórnio

Tábua do Nascimento e Ocaso do Sol

(hora legal de Brasília)

Data	Brasília		Rio de Janeiro		São Paulo	
	Nasc. (hora)	Ocaso (hora)	Nasc. (hora)	Ocaso (hora)	Nasc. (hora)	Ocaso (hora)
1º de janeiro	05h44	18h47	05h11	18h42	05h23	18h57
11 de janeiro	05h50	18h49	05h18	18h44	05h30	18h59
21 de janeiro	05h56	18h50	05h25	18h43	05h38	18h58
1º de fevereiro	06h02	18h48	05h33	18h40	05h45	18h54
11 de fevereiro	06h06	18h45	05h39	18h35	05h52	18h49
21 de fevereiro	06h10	18h40	05h45	18h28	05h58	18h42
1º de março	06h12	18h36	05h49	18h21	06h02	18h35
11 de março	06h14	18h29	05h53	18h12	06h07	18h26
21 de março	06h16	18h21	05h57	18h03	06h11	18h16
1º de abril	06h17	18h13	06h01	17h52	06h15	18h05
11 de abril	06h19	18h06	06h05	17h43	06h19	17h56
21 de abril	06h20	18h00	06h08	17h34	06h23	17h47
1º de maio	06h23	17h54	06h12	17h27	06h27	17h40
11 de maio	06h25	17h50	06h17	17h21	06h31	17h34
21 de maio	06h28	17h48	06h21	17h17	06h36	17h30
1º de junho	06h32	17h47	06h26	17h15	06h41	17h28
11 de junho	06h35	17h47	06h30	17h15	06h45	17h27
21 de junho	06h38	17h49	06h33	17h17	06h48	17h29
1º de julho	06h39	17h52	06h34	17h19	06h49	17h32
11 de julho	06h40	17h55	06h34	17h23	06h49	17h35
21 de julho	06h38	17h58	06h32	17h27	06h46	17h40
1º de agosto	06h35	18h01	06h27	17h32	06h42	17h44
11 de agosto	06h31	18h03	06h21	17h36	06h35	17h49
21 de agosto	06h25	18h04	06h13	17h39	06h27	17h52
1º de setembro	06h17	18h06	06h03	17h43	06h17	17h56
11 de setembro	06h10	18h07	05h54	17h46	06h07	17h59
21 de setembro	06h02	18h07	05h43	17h49	05h57	18h02
1º de outubro	05h54	18h08	05h33	17h52	05h47	18h06
11 de outubro	05h47	18h10	05h24	17h56	05h37	18h10
21 de outubro	05h40	18h12	05h15	18h00	05h28	18h14
1º de novembro	05h35	18h16	05h08	18h06	5h20	18h20
11 de novembro	05h31	18h20	05h03	18h12	05h15	18h26
21 de novembro	05h30	18h25	05h00	18h18	05h12	18h33
1º de dezembro	05h31	18h31	04h59	18h25	05h11	18h40
11 de dezembro	05h33	18h36	05h01	18h32	05h13	18h47
21 de dezembro	05h38	18h42	05h05	18h37	05h17	18h52

Como a variação do horário é mínima, apresentamos apenas o nascimento e ocaso do Sol dos dias 1º, 11 e 21 de cada mês.

Dados cedidos pelo Departamento de Astronomia do Instituto de Astronomia, Geofísica e Ciências Atmosféricas da Universidade de São Paulo.

Tudo o Que Você Precisa Saber sobre a Lua em 2026

A Lua sempre foi misteriosa para os seres humanos, sendo relacionada ao romance e à poesia. Como ela é um satélite da Terra, é mutável, ou seja, muda de comportamento dependendo da fase. Desde tempos antigos, a Lua foi alvo de estudos, e descobriram que tanto ela quanto o Sol influenciam no comportamento das pessoas – agindo na parte prática, está o Sol, e na parte emocional, a Lua. Se conhecermos as fases lunares, conseguiremos um entendimento maior para lidar com nossos sentimentos e problemas cotidianos. Favorecer-nos da Lua em 2026 em sua passagem por cada signo nos trará uma base sólida.

LUA EM ÁRIES: A Lua no signo de Áries favorece sempre mudanças, sejam elas boas ou mais trabalhosas, bem como as batalhas pessoais. As emoções podem ficar um pouco contraditórias e confusas. Tente não se deixar levar por elas; seja prático, usando o raciocínio lógico.

LUA EM TOURO: Em Touro, a Lua gera muita persistência e objetividade; sendo assim, persista em seus objetivos. No quesito relacionamento, seus sentimentos e vontades serão respeitados. Momento propício para realizar uma viagem ou reformar a casa. Não perca a tranquilidade nem o senso de harmonia; aja sempre com ponderação.

LUA EM GÊMEOS: Quando a Lua transita por Gêmeos, surge certa dose de insegurança. Assim, tente adiar projetos de cunho pessoal e profissional, já que decisões importantes tendem a ser prejudicadas por atitudes impulsivas. Use a flexibilidade nas diversas situações e, também uma dose de autocrítica.

LUA EM CÂNCER: Excelente período para iniciar relacionamentos, sejam eles pessoais ou profissionais. Sua sensibilidade estará muito aflorada, e os projetos deixados em segundo plano agora terão chances reais de êxito. Ouse empreender e siga sempre sua intuição.

LUA EM LEÃO: Esta Lua desperta a ousadia, portanto, seja direto e decidido. Aja de acordo com seus sentimentos, sem hesitar. Seus empreendimentos, com uma atitude assertiva, ganharão prosperidade e abundância. Mantenha-se sempre focado nos resultados e jamais perca a esperança.

LUA EM VIRGEM: É hora de tomar uma decisão; nada de ficar em cima do muro! Não seja crítico demais, pois isso será motivo de contratempos e aborrecimentos. Lembre-se de que cada pessoa tem o seu jeito de ser, e, embora o modo de agir seja diferente, os resultados serão os mesmos.

LUA EM LIBRA: Manter uma mente equilibrada e uma atitude saudável será o principal objetivo nesta fase. O período é excelente, e o sucesso, garantido. Porém, evite os excessos. Na medida certa, seus projetos tendem a deslanchar.

LUA EM ESCORPIÃO: Período tenso, de pensamentos vingativos e aborrecimentos. Não se deixe levar por críticas destrutivas; cada um sabe onde o sapato o aperta. Mantenha os pés no chão e siga em frente com calma e temperança, pois, caso contrário, os efeitos serão danosos.

LUA EM SAGITÁRIO: Novos relacionamentos serão muito bem-vindos neste período. Visite lugares, faça uma viagem, inspire-se na natureza! Encare a vida com mais leveza, otimismo e alegria. Ótimo momento para iniciar projetos e dar sequência aos antigos.

LUA EM CAPRICÓRNIO: Controle um pouco seus impulsos e temperamento; a ocasião requer diplomacia para não bater de frente com pessoas do seu convívio. Embora muito oportuna, a seriedade em exagero, neste caso, pode atrapalhar seus empreendimentos. Seja mais flexível. Apesar disso, esta é uma fase de bastante prosperidade e sorte.

LUA EM AQUÁRIO: Tenha prudência em tudo o que fizer. Evite atitudes negativas e pessimistas, promovendo, desse modo, também o equilíbrio na saúde. Um novo relacionamento comercial lhe trará bastante prosperidade e autoconfiança, melhorando assim sua situação financeira.

LUA EM PEIXES: Neste período, ouse empreender! Como sua sensibilidade estará à flor da pele, seus instintos também estarão. Siga sempre o lado racional, mas sem esquecer o emocional, já que neste caso ambos serão de grande valia para julgar a atitude correta. Evite aborrecimentos e leve adiante seus sonhos e objetivos.

As Lunações e os Trânsitos Planetários para 2026

O movimento dos cinco planetas lentos (Júpiter, Saturno, Urano, Netuno e Plutão) pelo Zodíaco indica os ciclos planetários e as tendências das manifestações individuais e coletivas da humanidade. A interpretação astrológica dos trânsitos e dos aspectos dos planetas lentos, bem como a interpretação das lunações mensais, revelam as tendências de processos individuais e coletivos que se refletirão na mentalidade das pessoas durante o ano de 2026.

O movimento dos planetas lentos durante o ano de 2026

★ **Júpiter** inicia o ano em movimento retrógrado a 21°21' de Câncer, e entrará em movimento direto no dia 11 de março, a 15°5' desse mesmo signo. Entrará no signo de Leão a 0°9' do dia 1º de julho. No dia 13 de dezembro entrará em movimento retrógrado a 27°1' desse mesmo signo, terminando o ano em 26°30' de Leão. Júpiter fará sextil com Urano em Gêmeos de 15 a 25 de julho. Nesse mesmo período, fará também trígono com Netuno em Áries e oposição a Plutão em Aquário. Júpiter em Leão fará um trígono com Saturno em Áries desde 25 de agosto até a primeira semana de setembro.

★ **Saturno** inicia o ano a 26°10' do signo de Peixes. Em 15 de fevereiro, adentra o signo de Áries a 0°6'. No dia 26 de julho, inicia movimento retrógrado a 14°45' desse mesmo signo. Volta ao movimento direto no dia 10 de dezembro em Áries, a 7°59', terminando o ano a 8°17' desse mesmo signo. Saturno em Peixes fará sextil com Urano em

Touro durante todo o mês de janeiro. Saturno fará conjunção com Netuno em Áries durante a primeira quinzena de fevereiro e a primeira semana de março. Saturno em Áries fará sextil com Plutão em Aquário na primeira quinzena de março até o dia 10 de abril. Saturno em Áries fará trígono com Júpiter em Leão desde 25 de agosto até a primeira semana de setembro.

★ **Urano** inicia o ano em movimento retrógrado a 27°57' do signo de Touro, e entrará em movimento direto no dia 4 de fevereiro, a 27°27' do mesmo signo. No dia 27 de abril adentrará o signo de Gêmeos a 0°3'. Em 10 de setembro entrará em movimento retrógrado a 5°41', terminando o ano a 2°20' desse mesmo signo. Urano em Peixes fará sextil com Saturno em Peixes durante o mês de janeiro. Urano em Gêmeos fará sextil com Júpiter em Leão entre 15 e 25 de julho. Urano em Gêmeos fará trígono também com Plutão em Aquário e sextil com Netuno em Áries desde o início de julho até 8 de agosto. Urano fará trígono com Plutão entre 10 de novembro e 15 de dezembro de 2026.

★ **Netuno** inicia o ano em 29°30' de Peixes. No dia 27 de janeiro, entrará no signo de Áries a 0°0'. No dia 7 de julho, entrará em movimento retrógrado a 4°25' de Áries. Em 12 de dezembro voltará ao movimento direto a 1°36', terminando o ano em 1°42' desse mesmo signo. Netuno fará conjunção com Saturno no signo de Áries durante a primeira quinzena de fevereiro e a primeira semana de março. Netuno em Áries fará sextil com Plutão em Aquário de 10 de junho até o final de outubro. Entre 15 e 25 de julho, fará um trígono com Júpiter em Leão.

★ **Plutão** inicia o ano a 2°43' do signo de Aquário. No dia 6 de maio, entra em movimento retrógrado a 5°30' desse mesmo signo. No dia 16 de outubro, volta ao movimento direto a 3°4', terminando o ano a 4°19' desse mesmo signo. Plutão em Aquário fará sextil com Saturno em Áries na segunda quinzena de março até 10 de abril. Fará também sextil com Netuno em Áries a partir de 10 de junho até o final de outubro, e trígono com Urano em Gêmeos no início de julho até 10 de agosto. Ele também vai ficar em oposição a Júpiter em Leão entre 15 e 25 de julho. Em 10 de novembro, Plutão fará novamente trígono com Urano a partir de 10 de novembro até 15 de dezembro de 2026.

Interpretação dos trânsitos dos planetas lentos em 2026

★ **Saturno em Peixes em sextil com Urano em Touro durante todo o mês de janeiro**

Este é um ciclo favorável para empreendimentos em áreas de infraestrutura de médio e longo prazos que demandem planejamento mais estruturado. Isso vale para saneamento básico, estradas, vias de transporte, moradias, hospitais, aeroportos. Novidades tecnológicas continuam a aumentar a produtividade do agronegócio, o que sempre é importante, tanto para a economia do país quanto para às demandas de segurança alimentar da população.

★ **Saturno e Netuno em conjunção a Áries: primeira quinzena de fevereiro até 10 de março**

No contexto geopolítico, esse aspecto indica a possibilidade de dissolução de estruturas de poder nos âmbitos político, institucional e mesmo religioso. Paulatinamente, novas lideranças devem surgir. Mostra também o avanço de pesquisas inovadoras na neurociência, cujos estudos são muito valiosos para desvendar o funcionamento da mente humana. O entrelaçamento entre ciência e espiritualidade segue crescendo, e as pesquisas vão demonstrar que não só a fé, mas também a participação assertiva dos indivíduos em seus tratamentos, são capazes de promover mais bem-estar e curas surpreendentes.

★ **Saturno em Áries em sextil com Plutão em Aquário: meados de março até meados de abril**

Pode indicar descobertas relevantes no setor energético, não só em relação a combustíveis fósseis, mas também ao setor elétrico e outros. Conhecimentos científicos que foram suprimidos ao longo de muitos anos vão reaparecer. Esse resgate de tecnologias antigas, porém mais avançadas, unindo-se às atuais certamente trará enormes benefícios para toda a humanidade, com destaque para a área da medicina e da saúde em geral.

- **Plutão em Aquário em sextil com Netuno em Áries: meados de junho até final de outubro**
  É possível que surjam novas lideranças na área mística ou espiritual, e isso terá uma influência positiva na coletividade, que poderá optar por um tipo de vida simples, menos consumista. Um indivíduo, ao expandir a consciência, ganha mais autonomia e liberdade para fazer suas escolhas, tornando-se menos dependente de governos e dos valores culturais vigentes.

- **Urano em Gêmeos em sextil com Netuno em Áries: início de julho até 10 de agosto.**
- **Urano em trígono com Plutão em Aquário: início de julho até meados de agosto**

Obs.: no período de julho e agosto observamos esses dois trânsitos importantes que acontecem simultaneamente.

Nos ciclos que já ocorreram em 2025, vamos observar que a ciência e a espiritualidade continuam recebendo muita atenção dos cientistas, uma vez que a população vai adquirindo mais consciência da responsabilidade do próprio papel em seu bem-estar físico e mental. A plasticidade neuronal corrobora essa tendência quando afirma que o cérebro humano pode se atualizar ou se modificar com novas conexões neurais. As terapias vibracionais e holísticas, que trabalham com frequências quânticas e vibratórias, seguem em alta, pois estruturam e harmonizam a energia vital, emocional e psíquica. Elas já estão entre nós, mas vão se expandir muito mais: acupuntura, *shiatsu*, *reiki*, radiestesia, radiônica, florais, fitoterapia, cromoterapia etc. Novas ferramentas ou instrumentos de cura quântica devem surgir, seguindo essa tendência regenerativa e menos invasiva para a cura do corpo.

Urano em Gêmeos e Plutão em Aquário promovem a descentralização do conhecimento, dando mais rapidez à divulgação de informações. As mudanças devem abarcar as transações do sistema financeiro, em que ativos digitais serão protegidos de quebras de mercado e da corrupção, visando uma integração mais livre da economia em termos globais. Certamente veremos o nascimento de novas profissões, o avanço da inteligência artificial, uma restruturação das redes sociais, que ganharão mais liberdade, podendo também colaborar com a melhoria da educação ao abranger todas as classes sociais, tornando assim a democratização do conhecimento uma realidade. Os meios de transporte e o turismo também devem passar por grandes mudanças. Os paradigmas relacionados a ciência, cultura, educação serão reformulados nos próximos anos, uma vez que esses planetas são geracionais, ou seja, atuam na coletividade, e seu período de atuação é sempre mais longo. Plutão ficará 20 anos no signo de Aquário.

★ **Júpiter em Leão em sextil com Urano em trígono com Netuno e oposição a Plutão: de 15 a 25 de julho**
Nesse mesmo período mais longo descrito anteriormente, teremos este ciclo rápido, em que as tendências são corroboradas com a entrada de Júpiter no signo de Leão, em um ciclo de doze meses. A oposição a Plutão pode representar uma forte resistência a mudanças, uma vez que o surgimento de mais poder em determinada classe sempre gera conflitos com outras. O trígono com Netuno promove o interesse por misticismo, conhecimentos espirituais, organizações humanitárias e filosofia. Bom para eventos que envolvam música, fotografia, cinema e artes visuais em geral.

★ **Júpiter em Leão em trígono com Saturno em Áries: 25 de agosto até 10 de setembro**
Este trânsito evidencia que essa reestruturação social vai se dar de forma mais pragmática, realista e em longo prazo. Novos dirigentes surgem, e suas iniciativas são ousadas e assertivas, o que responderá às demandas da população. Há uma tendência a governos centralizadores e conservadores, que seguirão valores culturais mais tradicionais da sociedade. O ordenamento jurídico pode ganhar eficiência e rapidez. Bom momento para a

dramaturgia, as artes cênicas em geral, a realização de eventos para lazer ou celebrações públicas.

Obs.: em novembro e dezembro, teremos a repetição do ciclo Urano em Gêmeos em trígono com Plutão em Aquário.

As lunações de 2026 – calculadas no fuso horário de Brasília (DF)

1ª lunação

A primeira lunação deste ano acontecerá no dia 18 de janeiro, às 16h53, a 28°44' do signo de Capricórnio. Observamos neste mesmo signo um *stellium* no qual, além dos luminares, estão presentes Marte e Mercúrio. Eles recebem um sextil de Saturno e de Netuno em Peixes, indicando um período favorável para associações, acordos diplomáticos por intermédio de embaixadas, e esclarecimentos importantes em assuntos de interesse comum com países estrangeiros. Esse aspecto é reforçado astrologicamente pela presença de Urano em Touro na Casa XI da carta, que faz trígono com esses planetas. O Poder Legislativo pode se destacar com boas propostas que traduzam as reais necessidades da população. Tudo o que tenha por objetivo reformas estruturais será muito bem recebido por ela. Instituições públicas ou políticas mais antigas e conservadoras terão o devido reconhecimento. Esta lunação também é favorável tanto para o comércio exterior, com importações e exportações, quanto para o turismo internacional. Favorável também para publicações filosóficas, religiosas ou acadêmicas, e intercâmbio de conhecimento e pesquisas de alto nível.

2ª lunação

No dia 17 de fevereiro teremos a segunda lunação do ano, às 9h02, a 28°50' do signo de Aquário. Os luminares ocupam a décima primeira casa, fazendo uma quadratura com Urano em Touro na Casa II da carta. Planos e projetos já bem encaminhados podem ter imprevistos ou alterações que comprometam o que havia sido proposto anteriormente. Os imprevistos podem ser de ordem econômica, demandando uma reestruturação mais urgente. Assuntos relacionados a avanços tecnológicos estarão em pauta, e exigirão capacidade de adaptação de todos, o que por um lado é estimulante e por outro, estressante – mas são mudanças que chegam para ficar e seus benefícios serão duradouros. Júpiter está em Câncer, fazendo trígono com Mercúrio em Peixes, o que beneficia e valoriza os patrimônios culturais que sejam tradições da nação, além das questões territoriais; nesse contexto, eventuais conflitos tendem a ser solucionados de forma equilibrada e inteligente. Mercúrio é o regente da Casa III, o que é benéfico para o turismo e o comércio em geral, o mercado digital e o crescimento das redes sociais.

3ª lunação

Teremos a terceira lunação no dia 18 de março, às 22h25, a 28°27' do signo de Peixes. Além dos luminares, temos a presença de Marte e Mercúrio formando um *stellium* na terceira casa da carta. Urano na Casa VI faz um sextil com todos esses planetas. Esse forte aspecto indica um bom ciclo para atividades ligadas ao mercado imobiliário, a compras e vendas de propriedades, com ênfase em bons resultados na produção agrícola em geral. Vênus na quinta casa torna o período interessante para produções artísticas e culturais, que devem encontrar receptividade por parte da população. Plutão na terceira casa, em bom aspecto com Saturno e Netuno em Áries, promove o mercado de itens de tecnologia, como celulares, *tablets*, computadores, *games* etc. Júpiter, que é o regente do Ascendente da lunação, está em trígono com Marte, dotando de êxito atividades esportivas e competitivas, assim como dando incentivo a atividades físicas direcionadas a crianças e jovens. A produção industrial, a metalurgia e a produção de carros podem ter um crescimento expressivo neste período.

4ª lunação

No dia 17 de abril, às 8h53, teremos a quarta lunação, a 27°29' do signo de Áries. Está em destaque um *stellium* formado por

Netuno, Saturno, Mercúrio e Marte nos primeiros graus desse mesmo signo. Essa configuração planetária ocupa as Casas X e XI da carta, sinalizando visibilidade ao Congresso e, mais especificamente, ao Poder Legislativo. Marte e Saturno em conjunção indicam muitas iniciativas ou decisões positivas de longo prazo que visarão melhorias na infraestrutura do país. Plutão em Aquário está ativando essa conjunção, contribuindo assim para um melhor planejamento dessas ações que vão reverberar positivamente em reformulações estratégicas envolvendo o conhecimento de tecnologia e grandes mudanças no cotidiano de todos. Essa tendência é corroborada pela presença de Urano, o planeta da tecnologia e das novidades, que se encontra em conjunção ao Ascendente da carta: Gêmeos. Vênus em Touro faz bom aspecto com Júpiter, favorecendo investimentos no ensino básico, em creches ou escolas infantis, em atividades artísticas e no entretenimento para crianças e jovens.

5ª lunação

A quinta lunação acontecerá no dia 16 de maio, às 17h02, a 25°58' do signo de Touro. Os luminares e Mercúrio ocupam a sétima casa da carta, fazendo sextil com Júpiter em Câncer na Casa IX. Essas posições são favoráveis a parcerias, associações produtivas, assim como bons acordos diplomáticos e de cooperação com finalidades econômicas. Importações e exportações positivas vão melhorar o cenário do país, viabilizando oportunidades de investimentos externos. Vênus ocupa a oitava casa no signo de Gêmeos, fazendo um sextil com Marte em Áries na Casa VI. Bons investimentos na área de saúde pública poderão ser ampliados com novas orientações, pesquisas e estudos que valorizem a medicina integrativa ou complementar em geral, além das práticas esportivas. Netuno faz um trígono com o Meio do Céu em Leão, favorecendo atividades artísticas nas áreas de audiovisual, fotografia, vídeo, cinema, imagens. Por outro lado, pode intensificar os interesses filosóficos e espirituais, a fé e uma busca mais acentuada pela espiritualidade, tudo aquilo que traz sentido à vida humana.

6ª lunação

No dia 14 de junho, às 23h55, haverá a sexta lunação do ano, a 24°03', no signo de Gêmeos. O regente da lunação é Mercúrio, que ocupa a Casa IV e recebe um sextil de Marte em Touro. Bom período para o comércio interno, a propaganda, o marketing e a divulgação de produtos e trabalhos também nas redes sociais. Favorece o ensino, as publicações literárias, pesquisas, estudos, *lives*, seminários, congressos, ou seja, a disseminação do conhecimento. Vênus ocupa a Casa V da carta e está ao lado de Júpiter, ambos fazendo sextil com Urano em Gêmeos e trígono com Netuno em Áries, promovendo assim o êxito em atividades culturais, *shows* musicais, exposições, artes cênicas e no entretenimento em geral. Plutão em Aquário na Casa XI faz sextil com Netuno e trígono com Urano, o que pode significar ações relevantes no Poder Legislativo que visem mais liberdade e desenvolvimento para a nação. Por outro lado, é provável que haja um crescimento expressivo das terapias vibracionais e não invasivas que regeneram a vitalidade e o bem-estar do cidadão, o que é um benefício para toda a coletividade. São elas: acupuntura, radiestesia, *reiki*, fitoterapia, entre outras.

7ª lunação

A sétima lunação ocorrerá a 21°59' do signo de Câncer, no dia 14 de junho, às 6h44. Os luminares e Mercúrio estão em conjunção ao Ascendente. O período é positivo para todos os assuntos relacionados a moradia, propriedades agrícolas, heranças, distribuição de terras para cultivo e valorização das tradições de culturas regionais. Os investimentos internos para infraestrutura do setor do agronegócio como um todo devem crescer de forma marcante. O planeta Marte está em Gêmeos e faz bom aspecto com Saturno em Áries. As iniciativas do Poder Legislativo tendem a se enraizar e se desenvolver no médio e longo prazos, promovendo segurança para bons negócios, importações e investimentos externos. Pessoas com mais idade e experiência poderão ter uma influência positiva na vida política da nação. Júpiter em Leão ocupa a primeira casa, fazendo sextil com Urano em Gêmeos e trígono com Netuno, expandindo os conhecimentos da psicologia, da neurociência, bem como a percepção da importância da espiritualidade e das práticas meditativas na saúde psíquica e física da coletividade. Esse aspecto favorece ainda as ações humanitárias, e o estudo da filosofia e da jurisprudência.

8ª lunação

No dia 12 de agosto, às 14h38, observamos a oitava lunação, que acontece a 20°02' no signo de Leão. Sol e Lua, os luminares, ocupam a Casa VIII da carta, o que pode promover investimentos estrangeiros e melhorias no desempenho econômico do país. Os bons resultados econômicos facilitam acordos e alianças que vão significar prosperidade. Júpiter em conjunção a Mercúrio, também neste signo, corrobora essa tendência, pois ambos estão em sextil com Urano na sexta casa. Os ganhos com novidades tecnológicas terão importância nesse sentido, já que aumentam a criatividade, a eficiência e a produtividade, gerando bons resultados. O planeta Vênus, que está em Libra, tem lugar de destaque em relação ao Poder Executivo nessa lunação. Está ocupando a Casa X e com bons aspectos com Plutão e Urano, reafirmando a tendência de êxito na diplomacia e em bons acordos para a vida econômica do país. Júpiter está em harmonia com Saturno, ambos em signos de Fogo, e isso pode representar iniciativas e reformas relevantes em nossa jurisprudência, com ordenamentos jurídicos efetivos que significarão mais segurança para todos.

9ª lunação

A nona lunação acontecerá a 18°25' do signo de Virgem, no dia 11 de setembro, à 0h28m. Os luminares ocupam a Casa III e fazem sextil com Marte em Câncer. Essa configuração deverá manifestar mais interesse, recursos financeiros e planejamento nas áreas de educação fundamental e também investimentos em cursos técnicos para jovens. O crescimento do mercado digital certamente seguirá por um bom tempo, assim como cursos *on-line* a esse respeito. Plutão e Vênus encontram-se em quadratura no céu, podendo sinalizar oscilações nas negociações de ações no mercado de investimentos e nas bolsas de valores. Por outro lado, Mercúrio ocupa a Casa IV e é o regente da lunação, fazendo trígono com Urano e Plutão, todos em signos de Ar. O mercado imobiliário pode trazer ganhos expressivos, assim como o agronegócio em geral, e possivelmente com a agricultura familiar, que traz segurança alimentar. Sem dúvida, os contínuos avanços tecnológicos dessa área também vão impulsionar ainda mais esse setor estratégico, não só para o país, mas para todos os habitantes do planeta. Saturno em Áries está em harmonia com Júpiter em Leão, facilitando e expandindo a economia, as exportações e a criação de novas leis que favoreçam as indústrias automotivas em geral.

10ª lunação

No dia 10 de outubro teremos a décima lunação de 2026. Ela acontecerá a 17°22' do signo de Libra, às 12h51. Júpiter em Leão faz um sextil com os dois luminares, que ocupam a Casa IX. Essa configuração traz dinamismo ou crescimento na troca de conhecimentos de nível superior, em pesquisas e também no interesse por filosofia, espiritualidade e crenças da coletividade. Traz ainda expansão comercial com o estrangeiro e no turismo internacional. Marte também está em Leão em bom aspecto com Urano, favorecendo eventos que tenham como tema atividades esportivas, competições, sorteios, *shows* ao ar livre e o entretenimento em geral. Saturno em trígono com Marte está favorecendo os transportes, a comunicação, as produções literárias, o turismo interno, as estradas e melhorias no sistema ferroviário. O planeta regente da lunação é Vênus, que está ao lado de Mercúrio em Escorpião, ambos na décima casa. Isso pode implicar mais agilidade nas decisões do Poder Executivo, capacidade de coesão e cooperação para que decisões equilibradas e estratégicas sejam tomadas.

11ª lunação

A décima primeira lunação se dará no dia 9 de novembro, às 4h03, a 16°53' do signo de Escorpião. Sol e Lua ocupam a primeira casa em trígono com o Meio do Céu; essa posição poderá resultar em uma melhor imagem do país no exterior. Vênus junto ao Ascendente em Libra representa a cordialidade e a diplomacia, que, se exercida de forma acertada, trará bons frutos para o país. Júpiter e Marte fazem sextil com Vênus e ocupam a Casa XI da carta, o que sinaliza um planejamento bem direcionado e assertivo para diretrizes futuras, e mais confiança no amanhã. Plutão em Aquário faz um bom aspecto com Urano em Gêmeos, favorecendo ações ou intermediações de corporações, Organizações não Governamentais (ONGs), cooperativas ou sindicatos em assuntos importantes. Também é auspicioso para a aeronáutica, a robótica, a tecnologia de ponta, além de novidades na indústria automobilística. Netuno em Áries na Casa VI faz sextil com Plutão, o que deve despertar o interesse da população por medicinas vibracionais ou complementares como acupuntura, fitoterapia, *reiki*, radiestesia, entre outras.

12ª lunação

No dia 8 de dezembro veremos a décima segunda lunação, que ocorre às 21h53, a 16°57' de Sagitário. Sol e Lua transitam na Casa V, tornando este ciclo positivo para eventos, *shows* teatrais, exposições e celebrações em geral. O planeta Marte encontra-se em quadratura com Urano, o que pode significar imprevistos, cancelamentos ou acidentes na aviação. Plutão e Vênus em tensão mostram desequilíbrios nas contas do país e escassez de recursos devido a gastos excessivos, podendo gerar grandes dívidas no governo e insatisfação por parte da população. A carta mostra um trígono formado por Mercúrio em Sagitário, Saturno em Áries e o Ascendente em Leão, o que sinaliza a busca de soluções mais efetivas, inteligentes e responsáveis para sanar esses desafios. Os signos de Fogo também se manifestam por meio de energias que denotam rapidez, coragem e tenacidade, vindo a ser estas bastante adequadas e frutíferas para este ciclo de finalização do ano

Tábua Lunar em 2026

JANEIRO			
Câncer	10h10 do dia 2	Aquário	19h19 do dia 18
Leão	10h45 do dia 4	Peixes	3h51 do dia 21
Virgem	13h58 do dia 6	Áries	10h27 do dia 23
Libra	21h07 do dia 8	Touro	15h06 do dia 25
Escorpião	7h56 do dia 11	Gêmeos	17h56 do dia 27
Sagitário	20h35 do dia 13	Câncer	19h33 do dia 29
Capricórnio	8h48 do dia 16	Leão	21h10 do dia 31

FEVEREIRO			
Virgem	0h22 do dia 3	Peixes	11h10 do dia 17
Libra	6h34 do dia 5	Áries	16h40 do dia 19
Escorpião	16h14 do dia 7	Touro	20h32 do dia 21
Sagitário	4h23 do dia 10	Gêmeos	23h30 do dia 23
Capricórnio	16h46 do dia 12	Câncer	2h12 do dia 26
Aquário	3h18 do dia 15	Leão	5h18 do dia 28

MARÇO			
Virgem	9h35 do dia 2	Áries	1h04 do dia 19
Libra	15h57 do dia 4	Touro	3h36 do dia 21
Escorpião	1h03 do dia 7	Gêmeos	5h20 do dia 23
Sagitário	12h38 do dia 9	Câncer	7h34 do dia 25
Capricórnio	1h08 do dia 12	Leão	11h11 do dia 27
Aquário	12h15 do dia 14	Virgem	16h34 do dia 29
Peixes	20h17 do dia 16	Libra	23h52 do dia 31

ABRIL			
Escorpião	9h12 do dia 3	Gêmeos	13h19 do dia 19
Sagitário	20h33 do dia 5	Câncer	14h01 do dia 21
Capricórnio	9h05 do dia 8	Leão	16h42 do dia 23
Aquário	20h57 do dia 10	Virgem	22h06 do dia 25
Peixes	5h57 do dia 13	Libra	6h04 do dia 28
Áries	11h05 do dia 15	Escorpião	16h03 do dia 30
Touro	12h59 do dia 17		

MAIO			
Sagitário	3h35 do dia 3	Câncer	22h47 do dia 18
Capricórnio	16h07 do dia 5	Leão	23h49 do dia 20
Aquário	4h29 do dia 8	Virgem	3h58 do dia 23
Peixes	14h41 do dia 10	Libra	11h35 do dia 25
Áries	21h05 do dia 12	Escorpião	21h54 do dia 27
Touro	23h32 do dia 14	Sagitário	9h46 do dia 30
Gêmeos	23h24 do dia 16		

JUNHO			
Capricórnio	22h20 do dia 1º	Leão	9h06 do dia 17
Aquário	10h47 do dia 4	Virgem	11h38 do dia 19
Peixes	21h44 do dia 6	Libra	17h56 do dia 21
Áries	5h35 do dia 9	Escorpião	3h44 do dia 24
Touro	9h29 do dia 11	Sagitário	15h42 do dia 26
Gêmeos	10h07 do dia 13	Capricórnio	4h20 do dia 29
Câncer	9h15 do dia 15		

JULHO			
Aquário	16h34 do dia 1º	Virgem	21h08 do dia 16
Peixes	3h31 do dia 4	Libra	1h58 do dia 19
Áries	12h08 do dia 6	Escorpião	10h36 do dia 21
Touro	17h32 do dia 8	Sagitário	22h08 do dia 23
Gêmeos	19h43 do dia 10	Capricórnio	10h45 do dia 26
Câncer	19h48 do dia 12	Aquário	22h47 do dia 28
Leão	19h36 do dia 14	Peixes	9h15 do dia 31

AGOSTO			
Áries	17h38 do dia 2	Escorpião	18h47 do dia 17
Touro	23h37 do dia 4	Sagitário	5h31 do dia 20
Gêmeos	3h09 do dia 7	Capricórnio	18h00 do dia 22
Câncer	4h47 do dia 9	Aquário	6h03 do dia 25
Leão	5h39 do dia 11	Peixes	16h05 do dia 27
Virgem	7h19 do dia 13	Áries	23h39 do dia 29
Libra	11h21 do dia 15		

SETEMBRO			
Touro	5h02 do dia 1º	Sagitário	13h42 do dia 16
Gêmeos	8h48 do dia 3	Capricórnio	1h56 do dia 19
Câncer	11h32 do dia 5	Aquário	14h16 do dia 21
Leão	13h51 do dia 7	Peixes	0h25 do dia 24
Virgem	16h36 do dia 9	Áries	7h24 do dia 26
Libra	20h53 do dia 11	Touro	11h41 do dia 28
Escorpião	3h45 do dia 14	Gêmeos	14h27 do dia 30

OUTUBRO			
Câncer	16h55 do dia 2	Aquário	22h41 do dia 18
Leão	19h55 do dia 4	Peixes	9h36 do dia 21
Virgem	23h54 do dia 6	Áries	16h55 do dia 23
Libra	5h12 do dia 9	Touro	20h36 do dia 25
Escorpião	12h22 do dia 11	Gêmeos	22h03 do dia 27
Sagitário	22h01 do dia 13	Câncer	23h07 do dia 29
Capricórnio	9h58 do dia 16		

NOVEMBRO			
Leão	1h19 do dia 1º	Peixes	18h21 do dia 17
Virgem	5h29 do dia 3	Áries	2h53 do dia 20
Libra	11h39 do dia 5	Touro	7h11 do dia 22
Escorpião	19h41 do dia 7	Gêmeos	8h11 do dia 24
Sagitário	5h37 do dia 10	Câncer	7h52 do dia 26
Capricórnio	17h28 do dia 12	Leão	8h22 do dia 28
Aquário	6h25 do dia 15	Virgem	11h14 do dia 30

DEZEMBRO			
Libra	17h05 do dia 2	Touro	17h31 do dia 19
Escorpião	1h36 do dia 5	Gêmeos	19h28 do dia 21
Sagitário	12h08 do dia 7	Câncer	19h00 do dia 23
Capricórnio	0h10 do dia 10	Leão	18h13 do dia 25
Aquário	13h07 do dia 12	Virgem	19h14 do dia 27
Peixes	1h37 do dia 15	Libra	23h28 do dia 29
Áries	11h36 do dia 17		

Último Aspecto		Entrada da Lua num Novo Signo		
Dia	Hora	Dia	Signo	Hora
Julho 2026				
1º	8h52	1º	Aquário	16h34
3	14h29	4	Peixes	3h31
6	2h22	6	Áries	12h08
8	15h43	8	Touro	17h32
10	7h14	10	Gêmeos	19h43
11	19h13	12	Câncer	19h48
14	6h45	14	Leão	19h36
15	19h28	16	Virgem	21h08
18	19h14	19	Libra	1h58
21	8h07	21	Escorpião	10h36
22	18h50	23	Sagitário	22h08
25	11h59	26	Capricórnio	10h45
28	3h12	28	Aquário	22h47
30	18h28	31	Peixes	9h15
Agosto 2026				
2	9h34	2	Áries	17h38
4	15h53	4	Touro	23h37
6	20h26	7	Gêmeos	3h09
9	2h28	9	Câncer	4h47
10	4h31	11	Leão	5h39
12	14h38	13	Virgem	7h19
13	16h25	15	Libra	11h21
17	8h32	17	Escorpião	18h47
19	23h47	20	Sagitário	5h31
22	17h32	22	Capricórnio	18h00
24	3h31	25	Aquário	6h03
26	19h01	27	Peixes	16h05
28	13h15	29	Áries	23h39

Último Aspecto		Entrada da Lua num Novo Signo		
Dia	Hora	Dia	Signo	Hora
Setembro 2026				
31/08	16h48	1º	Touro	5h02
2	7h48	3	Gêmeos	8h48
5	5h41	5	Câncer	11h32
7	10h41	7	Leão	13h51
9	15h59	9	Virgem	16h36
11	2h53	11	Libra	20h53
13	11h28	14	Escorpião	3h45
16	0h31	16	Sagitário	13h42
18	17h45	19	Capricórnio	1h56
21	11h33	21	Aquário	14h16
23	5h19	24	Peixes	0h25
26	5h33	26	Áries	7h24
28	6h52	28	Touro	11h41
29	20h37	30	Gêmeos	14h27

Outubro 2026				
1º	23h43	2	Câncer	16h55
3	12h10	4	Leão	19h55
6	7h23	6	Virgem	23h54
7	15h58	9	Libra	5h12
10	20h08	11	Escorpião	12h22
13	5h47	13	Sagitário	22h01
15	18h57	16	Capricórnio	9h58
18	13h14	18	Aquário	22h41
21	5h43	21	Peixes	9h36
23	0h32	23	Áries	16h55
25	20h01	25	Touro	20h36
27	11h52	27	Gêmeos	22h03
29	18h45	29	Câncer	23h07

Último Aspecto		Entrada da Lua num Novo Signo		
Dia	Hora	Dia	Signo	Hora
Novembro 2026				
31/10	19h01	1º	Leão	1h19
2	21h12	3	Virgem	5h29
4	3h59	5	Libra	11h39
7	10h21	7	Escorpião	19h41
9	20h26	10	Sagitário	5h37
12	8h30	12	Capricórnio	17h28
14	13h57	15	Aquário	6h25
17	11h27	17	Peixes	18h21
19	22h47	20	Áries	2h53
22	4h40	22	Touro	7h11
24	7h10	24	Gêmeos	8h11
26	2h25	26	Câncer	7h52
28	2h41	28	Leão	8h22
30	7h12	30	Virgem	11h14

Dezembro 2026				
2	6h12	2	Libra	17h05
4	19h42	5	Escorpião	1h36
7	6h09	7	Sagitário	12h08
9	18h07	10	Capricórnio	0h10
10	16h14	12	Aquário	13h07
14	19h41	15	Peixes	1h37
17	2h44	17	Áries	11h36
19	13h41	19	Touro	17h31
21	14h27	21	Gêmeos	19h28
23	14h02	23	Câncer	19h00
24	21h11	25	Leão	18h13
27	13h40	27	Virgem	19h14
29	7h19	29	Libra	23h28

Regências Planetárias

Aqui relacionamos os planetas, as áreas e assuntos regidos por cada um deles. Com esses dados em mãos, o leitor poderá escolher as melhores datas para praticar suas atividades do dia a dia, de acordo com as previsões do Guia Astral.

LUA:

Rege as viagens; as mudanças temporárias; a água e os líquidos em geral, bem como seu respectivo comércio; o comércio varejista; os artigos de primeira necessidade; a pesca; os assuntos domésticos; a saúde; as comissões e o cotidiano.

MERCÚRIO:

Influencia os contratos; os assuntos relacionados com cartas, papéis e escritos; a literatura; os transportes; o correio; viagens curtas e excursões; mudanças de residência; estudos e o raciocínio com relação a questões práticas.

VÊNUS:

Rege as artes em geral, tais como a música, o teatro, o cinema e a moda. Influencia também os amores, as amizades, o casamento, as diversões, as plantações, os tratamentos de beleza, a decoração dos ambientes e os assuntos domésticos e sociais.

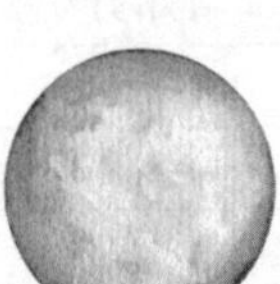

SOL:

Favorece o trabalho profissional, a publicidade, as honrarias, os favores e as melhorias. Os seus bons aspectos são positivos quando se solicita emprego ou aumento de salário, bem como quando se trata com autoridades ou superiores em geral.

MARTE:

Atua sobre operações cirúrgicas, consultas a médicos e dentistas, lutas, negócios arriscados, assuntos militares e tudo o que se refere ao ferro ou às armas, os esportes, a iniciativa em empreendimentos.

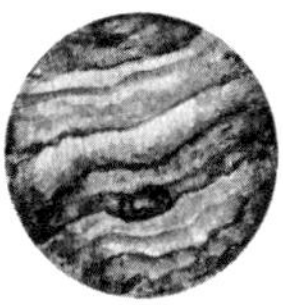

JÚPITER:

Governa os assuntos financeiros, jurídicos, religiosos e filosóficos, o comércio, os empréstimos, a expansão, a vida cultural, o estrangeiro, as viagens longas, os estudos superiores.

SATURNO:

Rege o trabalho em geral, os negócios relativos a terras, casas, minas e construções, a agricultura, os estudos e as coisas antigas. Também favorece os que tratam com pessoas famosas ou idosas.

URANO:

Influencia mudanças repentinas, assuntos e negócios relativos à eletricidade e ao magnetismo, drogas medicinais, novos empreendimentos, alta tecnologia, novas ideias e astrologia.

NETUNO:

Tem sob sua atuação questões psíquicas, tais como clarividência, clariaudiência, telepatia e intuição, o misticismo, as manifestações coletivas e os assuntos marítimos.

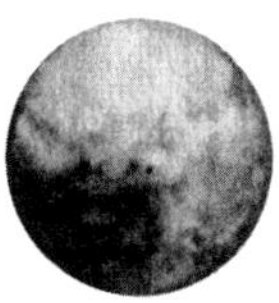

PLUTÃO:

Atua sobre tudo aquilo que exige energia e entusiasmo, as ideias originais, o pioneirismo, os assuntos relacionados à energia nuclear e as transformações radicais.

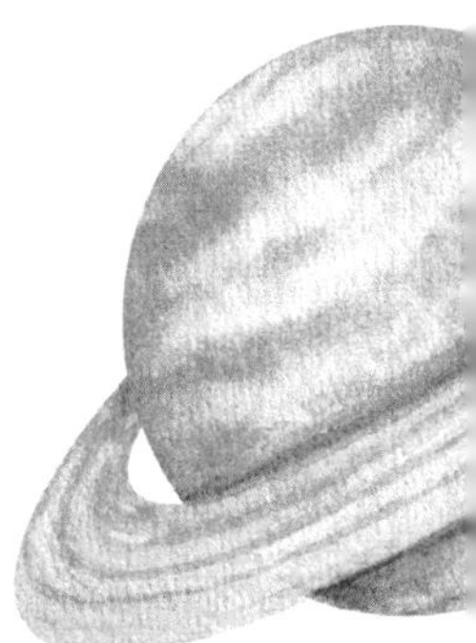

Tábua Planetária 2026

Segue abaixo a posição dos planetas em cada signo do zodíaco à zero hora de Greenwich do dia 1º de cada mês. A posição está indicada por graus (º) e minutos (‘), bem como qualquer mudança que houver para outro signo no decorrer do mês. Note ainda que estão indicados também o início do movimento retrógrado, assinalado pela letra (R), ou a retomada do movimento direto, indicada pela letra (D).

Janeiro	
Mercúrio:	28º39’ de Sagitário; no dia 2, a 0º10’ de Capricórnio; no dia 21, a 0º30’ de Aquário
Vênus:	9º12’ de Capricórnio; no dia 18, a 0º35’ de Aquário
Marte:	12º41’ de Capricórnio; no dia 24, a 0º28’ de Aquário
Júpiter:	21º21’ de Câncer (R)
Saturno:	26º10’ de Peixes
Urano:	27º57’ de Touro (R)
Netuno:	29º30’ de Peixes; no dia 27, a 0º0’ de Áries
Plutão:	2º43’ de Aquário

Fevereiro	
Mercúrio:	19°28’ de Aquário; no dia 7, a 0°5’ de Peixes; no dia 26, a 22°33’ de Peixes (R)
Vênus:	18°10' de Aquário; no dia 11, a 0°42’ de Peixes
Marte:	6°43’ de Aquário
Júpiter:	17°21’ de Câncer (R)
Saturno:	28°38’ de Peixes; no dia 15, a 0°6’ de Áries
Urano:	27°27’ de Touro (R); no dia 4, a 27°27’ de Touro (D)
Netuno:	0°8’ de Áries
Plutão:	3°41’ de Aquário

Março	
Mercúrio:	21°58’ de Peixes (R); no dia 20, a 8°31’ de Peixes (D)
Vênus:	23°12’ de Peixes; no dia 7, a 0°41’ de Áries; no dia 31, a 0°24’ de Touro
Marte:	28°44’ de Aquário; no dia 3, a 0°19’ de Peixes
Júpiter:	15°15’ de Câncer (R); no dia 11, a 15°5’ de Câncer (D)
Saturno:	1°43’ de Áries
Urano:	27°43’ de Touro
Netuno:	1°2’ de Áries
Plutão:	4°32’ de Aquário

Abril	
Mercúrio:	13°41’ de Peixes; no dia 16, a 1°13’ de Áries
Vênus:	1°38’ de Touro; no dia 25, a 1°0’ de Gêmeos
Marte:	23°7’ de Peixes; no dia 10, a 0°8’ de Áries
Júpiter:	15°46’ de Câncer
Saturno:	5°32’ de Áries
Urano:	28°45’ de Touro; no dia 27, a 0°3‘ de Gêmeos
Netuno:	2°12’ de Áries
Plutão:	5°13 de Aquário

Maio	
Mercúrio:	25°58' de Áries; no dia 4, a 1°42' de Touro; no dia 18, a 1°13' de Gêmeos
Vênus:	8°17' de Gêmeos; no dia 20, a 1°8' de Câncer
Marte:	16°22' de Áries; no dia 19, a 0°2' de Touro
Júpiter:	18°54' de Câncer
Saturno:	9°8' de Áries
Urano:	0°16 'de Gêmeos
Netuno:	3°15' de Áries
Plutão:	5°30' de Aquário; no dia 6, a 5°30' de Aquário (R)

Junho	
Mercúrio:	29°9' de Gêmeos; no dia 2, a 0°50 de Câncer; no dia 29, a 26°14' de Câncer (R)
Vênus:	15°23' de Câncer; no dia 14, a 0°38' de Leão
Marte:	9°45' de Touro; no dia 29, a 0°8' de Gêmeos
Júpiter:	24°4' de Câncer
Saturno:	12°14' de Áries
Urano:	2°3' de Gêmeos
Netuno:	4°3' de Áries
Plutão:	5°21' de Aquário (R)

Julho	
Mercúrio:	26°11' de Câncer (R); no dia 23, a 16°21' Câncer (D)
Vênus:	20°11' de Leão; no dia 10, a 0°18' de Virgem
Marte:	1°33' de Gêmeos
Júpiter:	0°9' de Leão
Saturno:	14°11' de Áries; no dia 26, a 14°45' de Áries (R)
Urano:	3°42' de Gêmeos
Netuno:	4°24' de Áries; no dia 7, a 4°25' de Áries (R)
Plutão:	4°52' de Aquário (R)

Agosto	
Mercúrio:	19°31' de Câncer; no dia 10, a 0°29' de Leão; no dia 26, a 1°4' de Virgem
Vênus:	24°3' de Virgem; no dia 7, a 0°12' de Libra
Marte:	23°4' de Gêmeos; no dia 12, a 0°25' de Câncer
Júpiter:	6°57' de Leão
Saturno:	14°43' de Áries (R)
Urano:	5°0' de Gêmeos
Netuno:	4°15' de Áries (R)
Plutão:	4°10' de Aquário (R)

Setembro	
Mercúrio:	12°42' de Virgem; no dia 11, a 0°32' de Libra
Vênus:	23°10' de Libra; no dia 11, a 0°25' de Escorpião
Marte:	13°23' de Câncer; no dia 29, a 0°31' de Leão
Júpiter:	13°42' de Leão
Saturno:	13°40' de Áries (R)
Urano:	5°39' de Gêmeos; no dia 10, a 5°41' de Gêmeos (R)
Netuno:	3°40' de Áries (R)
Plutão:	3°30' de Aquário (R)

Outubro	
Mercúrio:	0 40' de Escorpião; no dia 24, a 20°58' de Escorpião (R)
Vênus:	8°23' de Escorpião; no dia 3, a 8°29' de Escorpião (R); no dia 26, a 29°37' de Libra (R)
Marte:	1°41' de Leão
Júpiter:	19°35' de Leão
Saturno:	11°34' de Áries (R)
Urano:	5°31' de Gêmeos (R)
Netuno:	2°51' de Áries (R)
Plutão:	3°7' de Aquário (R); no dia 16, a 3°4' de Aquário (D)

Novembro	
Mercúrio:	16°39' de Escorpião (R); no dia 13, a 5°4' de Escorpião (D)
Vênus:	26°14' de Libra (R); no dia 14, a 22°51' de Libra (D)
Marte:	18°37' de Leão; no dia 26, a 0°0' de Virgem
Júpiter:	24°19' de Leão
Saturno:	9°17' de Áries (R)
Urano:	4°40' de Gêmeos (R)
Netuno:	2°5' de Áries (R)
Plutão:	3°7' de Aquário

Dezembro	
Mercúrio:	22°2' de Escorpião; no dia 7, a 0°58' de Sagitário; no dia 26, a 0°22' de Capricórnio
Vênus:	27°59' de Libra; no dia 5, a 0°25' Escorpião
Marte:	1°56' de Virgem
Júpiter:	26°47' de Leão; no dia 13, a 27°1' de Leão (R)
Saturno:	8°1' de Áries (R); no dia 10, a 7°59' de Áries (D)
Urano:	3°27' de Gêmeos (R)
Netuno:	1°39' de Áries (R); no dia 12, a 1°36' de Áries (D)
Plutão:	3°33' de Aquário

Horário da Semana

De acordo com a Regência Planetária

Convém lembrar que a hora astrológica de alguns planetas coincide: os assuntos regidos por Urano devem ser tratados na hora de Mercúrio, e o mesmo acontece com Netuno e Plutão, cujos assuntos devem ser tratados nas horas de Vênus e Marte, respectivamente.

Use esta tabela para concluir o cálculo das Horas Planetárias e saber quais são as horas mais propícias para tratar dos seus empreendimentos.

Horas	Domingo	Segunda	Terça	Quarta	Quinta	Sexta	Sábado
1ª do dia	Sol	Lua	Marte	Mercúrio	Júpiter	Vênus	Saturno
2ª do dia	Vênus	Saturno	Sol	Lua	Marte	Mercúrio	Júpiter
3ª do dia	Mercúrio	Júpiter	Vênus	Saturno	Sol	Lua	Marte
4ª do dia	Lua	Marte	Mercúrio	Júpiter	Vênus	Saturno	Sol
5ª do dia	Saturno	Sol	Lua	Marte	Mercúrio	Júpiter	Vênus
6ª do dia	Júpiter	Vênus	Saturno	Sol	Lua	Marte	Mercúrio
7ª do dia	Marte	Mercúrio	Júpiter	Vênus	Saturno	Sol	Lua
8ª do dia	Sol	Lua	Marte	Mercúrio	Júpiter	Vênus	Saturno
9ª do dia	Vênus	Saturno	Sol	Lua	Marte	Mercúrio	Júpiter
10ª do dia	Mercúrio	Júpiter	Vênus	Saturno	Sol	Lua	Marte
11ª do dia	Lua	Marte	Mercúrio	Júpiter	Vênus	Saturno	Sol
12ª do dia	Saturno	Sol	Lua	Marte	Mercúrio	Júpiter	Vênus
1ª da noite	Júpiter	Vênus	Saturno	Sol	Lua	Marte	Mercúrio
2ª da noite	Marte	Mercúrio	Júpiter	Vênus	Saturno	Sol	Lua
3ª da noite	Sol	Lua	Marte	Mercúrio	Júpiter	Vênus	Saturno
4ª da noite	Vênus	Saturno	Sol	Lua	Marte	Mercúrio	Júpiter
5ª da noite	Mercúrio	Júpiter	Vênus	Saturno	Sol	Lua	Marte
6ª da noite	Lua	Marte	Mercúrio	Júpiter	Vênus	Saturno	Sol
7ª da noite	Saturno	Sol	Lua	Marte	Mercúrio	Júpiter	Vênus
8ª da noite	Júpiter	Vênus	Saturno	Sol	Lua	Marte	Mercúrio
9ª da noite	Marte	Mercúrio	Júpiter	Vênus	Saturno	Sol	Lua
10ª da noite	Sol	Lua	Marte	Mercúrio	Júpiter	Vênus	Saturno
11ª da noite	Vênus	Saturno	Sol	Lua	Marte	Mercúrio	Júpiter
12ª da noite	Mercúrio	Júpiter	Vênus	Saturno	Sol	Lua	Marte

Horas Planetárias

O método mais prático para você aproveitar a influência das horas planetárias na sua vida diária é sincronizar as suas atividades mais importantes com os dias e horas mais favoráveis. Você obterá a in formação quanto aos dias mais e menos propícios ao início dos seus empreendimentos no Guia Astral. E as influências e as características da hora associada a cada planeta são dadas a seguir, a fim de que você possa usá-las em combinação com o dia mais favorável, de modo a conseguir um grande sucesso. Consulte também a seção "Cálculo das Horas Planetárias", p. 168.

LUA

Influência mais acentuada à noite. Sua hora é boa para fazer viagens e mudanças não definitivas, e para estipular comissões e todas as coisas de natureza provisória ou variável. É também uma boa hora para fazer as pessoas mudarem de opinião ou alterarem seus planos. Facilita negociações rápidas e o comércio varejista. Os negócios tratados nessa hora precisam ser concluídos logo; caso contrário, correm o risco de sofrer mudanças ou ser cancelados. Devemos ter cautela com os arranjos feitos nessa hora porque todas as coisas correm o risco de ficar incertas e serão passageiras.

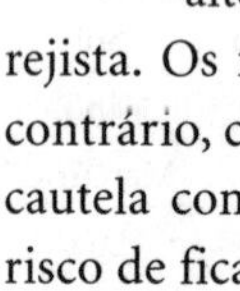

MERCÚRIO

A influência de sua hora é sempre duvidosa e variável, pois gera oscilações e tem um caráter secundário. É uma hora favorável para redigir textos, estudos de toda natureza, teorias, escrituras, documentos e textos literários. Boa para a troca de correspondência, compra de livros e trabalho com impressoras.

A compreensão e a percepção são rápidas devido à fertilidade de ideias. Favorece os profissionais de vendas, os professores e todos os que se ocupam de atividades intelectuais. Também favorece os joalheiros que fabricam objetos de precisão.

Na hora de Mercúrio, geralmente encontramos pessoas volúveis e inconstantes, que dificilmente sustentam a palavra dada ou levam adiante seus projetos.

A hora de Mercúrio é sempre seguida pela da Lua e pela de Saturno, de modo que é melhor chegar logo a uma conclusão ou adiar os negócios para uma ocasião mais propícia.

VÊNUS

A hora de Vênus é favorável à recreação, à diversão, ao canto, à música, à dança e a todas as áreas relativas ao vestuário, ornamentos e luxo.

É boa para a compra de objetos artísticos, de roupas, de perfumes e de outros itens do gênero. Favorece o amor e a galanteria, bem como o estudo das belas-artes. Favorece a restauração de objetos artísticos.

Essa hora governa o lado doméstico e feminino da vida e tudo o que é relativo aos sentimentos; facilita a dissolução do ódio e dos rancores; amplia os assuntos ligados à construção de formas (arquitetura, manipulação de projetos).

É a hora em que existe o perigo do excesso e da extravagância.

Favorece a maledicência de que são alvo aqueles que só vivem para o presente.

SOL

A hora do Sol favorece as relações com pessoas que ocupam posição de destaque – autoridades, juízes, altos funcionários do governo, homens de Estado.

Esta hora é própria para solicitar favores e proteção dos maiorais; favorável a projetos que ativam a consciência das atividades no planeta Terra.

As melhores horas solares são as que vêm antes do meio-dia. Elas reeducam ou retiram o sentimento de usura, de avareza e usurpação.

MARTE

A hora de Marte é propícia a todos os empreendimentos ousados. Há forças suplementares nas situações difíceis e tensas. É geralmente nessa hora que aumenta a incidência de acidentes, disputas e desentendimentos.

Ela favorece os impulsos, o domínio da força e tende a produzir contestações e argumentações, enfrentando-se concorrentes profissionais sem agressões, além de fazer aflorar a decisão firme com bases sólidas.

Nesta hora é preciso fazer tudo para não provocar a cólera alheia. Não se deve começar novas amizades durante esta hora, nem transitar por lugares reconhecidamente perigosos. É boa hora para nos ocuparmos de coisas práticas, referentes à mecânica, às minas, aos metais e aos materiais de natureza explosiva e inflamável, como o carvão, o petróleo etc. É prudente não assumir compromissos nesta hora, nem tomar atitudes com respeito a situações sérias e graves. É a hora em que convém nos precavermos contra roubos e assaltos, pois é considerada uma das mais perigosas do dia.

JÚPITER

De todas as horas planetárias, a mais favorável é a de Júpiter, durante a qual pode se iniciar novos empreendimentos de qualquer tipo.

Favorece toda espécie de assuntos financeiros e é boa para as questões legais e religiosas.

É a hora mais fecunda de todas; as coisas que forem executadas pela "primeira vez" nesta hora devem ser repetidas até que o sucesso recompense a iniciativa.

Todas as coisas de valor, seja de caráter objetivo ou subjetivo, podem ser tratadas na hora de Júpiter. Ela faz aflorar a sabedoria, proporcionando confiança sem fanatismo.

SATURNO

A influência deste planeta é lenta e pesada. As coisas começadas nesta hora caminham devagar, porém a passos firmes.

Saturno confere determinação, simplicidade, prudência e maturidade. Governa a terra de onde tira seu sustento e a casa que lhe serve de abrigo; por isso Saturno rege os negócios imobiliários e a agricultura. Influencia os estudos avançados e de compreensão lenta. Tendência a ponderar como sair da vida diária criando, modelando, construindo novas vivências. Trata-se da experiência sábia dos idosos. É o planeta da destruição e da reconstrução.

URANO

Este planeta governa todas as atividades do mundo moderno e a tecnologia avançada; a eletricidade, a eletrônica, a aeronáutica, a indústria automobilística etc. Sua influência é imprevisível, e os negócios iniciados em sua hora podem ter os mesmos resultados duvidosos ou variáveis induzidos por Mercúrio, pois a hora de Urano é a mesma de Mercúrio. Tendência à renovação e à originalidade.

NETUNO

Este planeta governa a inspiração artística e todas as faculdades extrassensoriais: intuição, clarividência etc. Sua hora favorece os assuntos artísticos, o amor desinteressado e os atos de benevolência. A hora de Netuno é a mesma de Vênus. É a inspiração da vida, que modifica o modo de agir e de pensar em todas as atividades do cotidiano.

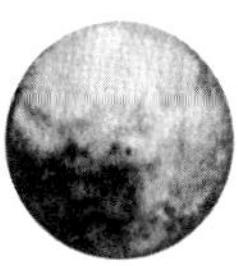

PLUTÃO

Plutão ainda é um enigma para a maioria dos astrólogos. Ele representa uma força estranha, um tanto destrutiva e em parte desconhecida. Está relacionado com o poder atômico, favorecendo mudanças drásticas, descobertas de cunho técnico e exigindo que se saiba lidar com essa energia planetária para que não cause danos. Plutão atua destruindo para que se possa reconstruir. Favorece as ações que requerem entusiasmo e uma nova visão dos fatos. A hora de Plutão é a mesma de Marte. Plutão nos impulsiona a transformações profundas.

Cálculo das Horas Planetárias

Depois de conhecer as características da hora de cada planeta, na seção "Horas Planetárias", aprenda a calcular essa hora, para poder usar essas características de forma benéfica e proveitosa.

As 12 horas planetárias diurnas e as 12 noturnas às vezes têm mais de 60 minutos, às vezes têm menos, dependendo do horário do nascimento ou do ocaso do Sol. Por isso, é preciso calcular em primeiro lugar o momento exato em que começa e termina a primeira hora do dia que lhe interessa. Para tanto, use a "Tábua do Nascimento e Ocaso do Sol" e verifique o horário em que esse astro nasce e se põe. Por exemplo, consultando essa tabela, você saberá que em Brasília, no dia 1º de janeiro, o Sol nasceu às 5h44min e se pôs às 18h47min. Se subtrairmos 5h44min de 18h47min, saberemos que o dia durou 13 horas e 3 minutos. Transforme as 13 horas em minutos (780 min), acrescente os 3 minutos restantes (783 min) e divida o resultado por 12. Você saberá, então, que cada hora desse dia terá 65 minutos e 3 segundos, ou 1 hora e 3 minutos – podendo-se deixar de lado os segundos.

Portanto, a primeira hora do dia 1º de janeiro de 2026 começará, em Brasília, às 5h44min e terminará às 6h47min; a segunda hora começará às 6h48min e assim por diante. (O período noturno deve ser calculado da mesma forma.)

Consulte, a seguir, a tabela "Horário da Semana de acordo com a Regência Planetária". Com ela você saberá que, em 1º de janeiro de 2026, uma quinta-feira, Júpiter rege a 1ª hora diurna, Marte rege a 2ª hora etc. Portanto, o melhor momento do dia para tratar dos assuntos regidos por Júpiter, será ao longo da 1ª hora, que vai das 5h44min às 6h47min. Quanto aos assuntos relacionados com Marte, o melhor é esperar até a 2ª hora do dia.

Com base nessas informações, você poderá organizar as atividades desse dia, levando em conta o horário em que elas serão mais favorecidas!

PREVISÕES SOBRE AMOR, TRABALHO E SAÚDE PARA OS SIGNOS EM 2026

Por André Mantovanni

Previsões para Áries em 2026

O novo ano será um convite à ação inteligente, ao entusiasmo e à descoberta de novos caminhos. Áries entra em 2026 com energia renovada, pronto para movimentar a vida com ousadia e criatividade. Sua capacidade de iniciativa estará mais afiada, e isso favorecerá decisões importantes em várias áreas. Este será um período para apostar em ideias novas, comunicar-se com clareza e usar seus talentos com confiança. O segredo será agir com foco e equilíbrio, aproveitando cada oportunidade com consciência.

Amor: O campo afetivo será marcado por recomeços e novas possibilidades. Você estará mais comunicativo, com charme em alta e disposto a tomar a iniciativa nas relações. Para quem está comprometido, será um bom momento para renovar os laços e propor mudanças positivas na rotina a dois. Já os solteiros terão mais chances de viver encontros leves e estimulantes, com abertura para conexões que despertam o interesse mental e emocional. Use sua criatividade para transformar o amor em algo vivo e verdadeiro.

Trabalho: A carreira tende a avançar com força. Será um ano de movimento, conquistas e objetivos alcançados graças à sua determinação e coragem. Haverá oportunidades de liderar, resolver pendências e iniciar projetos com energia renovada. Você estará mais seguro para tomar decisões importantes e seguir seu próprio caminho. Confie em sua capacidade de realizar e não tenha medo de assumir responsabilidades maiores.

Saúde: O corpo pedirá escuta e cuidado. Será importante respeitar seus ciclos e manter uma rotina equilibrada. Sua energia vital estará sensível, e o bem-estar dependerá do equilíbrio entre razão e emoção. Cuide da saúde emocional, evite sobrecargas e priorize o descanso. Terapias, práticas meditativas e exames preventivos ajudarão a manter sua força em dia ao longo do ano.

Previsões para Touro em 2026

Este novo ciclo promete trazer grandes aprendizados e testes importantes para os taurinos. Será um tempo de amadurecimento, onde o desafio principal será lidar com os próprios desejos de maneira consciente, sem perder o foco nas responsabilidades. Você terá força e oportunidades para crescer, mas tudo dependerá do quanto estiver disposto a agir com integridade e equilíbrio. Saber quando ceder e quando se impor será essencial para viver um ciclo próspero e verdadeiro.

Amor: Relacionamentos serão tratados com mais seriedade e profundidade ao longo do ano. Você buscará parcerias que transmitam confiança e estabilidade, deixando de lado paixões passageiras. Quem já vive uma relação perceberá a importância do diálogo maduro e do respeito às diferenças. As bases afetivas tendem a se fortalecer quando há valores em comum e crescimento mútuo. Já os solteiros podem se encantar por pessoas mais sábias ou com bagagem emocional, que tragam segurança e estímulo para evoluir. Tudo o que for construído com paciência e entrega poderá se tornar duradouro.

Trabalho: Em 2026, o campo profissional será desafiador, mas também promissor. A ambição estará mais forte, e com ela virá o desejo de conquistar reconhecimento, poder ou independência financeira. Será importante, no entanto, manter o controle das emoções e não agir por impulso ou por ganância. Relações de trabalho com jogos de poder, manipulações ou interesses ocultos precisarão ser revistas com cautela. Ao canalizar sua força de forma ética e focada, você poderá alcançar grandes avanços — inclusive ao transformar algo que parecia um obstáculo em uma porta de crescimento real.

Saúde: O equilíbrio será a palavra-chave para sua saúde neste novo ciclo. Será fundamental manter uma rotina mais justa consigo mesmo, equilibrando alimentação, atividade física e repouso com sabedoria. Cuidar da saúde emocional também será essencial, especialmente para lidar com tensões internas e cobranças excessivas. Qualquer sintoma recorrente, mesmo que leve, deve ser observado com atenção. O ano favorece *check-ups*, tratamentos regulares e decisões conscientes sobre o próprio bem-estar. Ouvir seu corpo será um gesto de responsabilidade e autocuidado.

Previsões para Gêmeos em 2026

O ano de 2026 chega para mexer com tudo aquilo que parecia garantido. Para os geminianos, será um período de reconstrução e realinhamento, no qual será preciso deixar para trás velhos padrões, acreditar novamente em si mesmo e abrir espaço para o novo. O que desmorona abre caminho para algo mais verdadeiro. Com leveza, inteligência e fé no futuro, você poderá transformar desafios em oportunidades de crescimento.

Amor: No campo afetivo, o ciclo será marcado por rupturas e revelações. Alguns relacionamentos podem chegar ao fim, não por acaso, mas como consequência de algo que já vinha se desgastando. Ainda que o momento traga dor ou insegurança, ele será necessário para libertar você de ilusões ou vínculos que já não servem ao seu propósito de vida. Para quem está só, essa fase pode representar o fim de padrões antigos e o início de um novo olhar sobre o amor. Em ambos os casos, o importante será acolher as mudanças com maturidade e não se fechar para novas possibilidades quando o coração estiver pronto.

Trabalho: A área profissional será uma das mais favorecidas do ano. Ideias criativas, projetos inspiradores e contatos positivos abrirão portas para novas oportunidades. A esperança se renova, e com ela, sua motivação para buscar algo que tenha mais sentido. O brilho pessoal estará em alta, e você poderá se destacar por sua inteligência e visão inovadora. Aproveite esse momento para traçar planos de longo prazo, investir em algo que você acredita e se reconectar com o que o move. Um caminho mais promissor começa a se formar — e ele está ao alcance das suas mãos.

Saúde: Este será um ano de transformações profundas em relação aos seus hábitos, ritmos e modo de cuidar de si. Mudanças serão inevitáveis — e, na maioria das vezes, necessárias. Talvez seja preciso abandonar costumes antigos, rever comportamentos nocivos ou encerrar ciclos que afetam seu equilíbrio físico e emocional. Ainda que essas mudanças pareçam difíceis no início, elas abrirão caminho para uma nova fase de mais leveza, vitalidade e consciência corporal. Cuide melhor de sua energia, evite sobrecargas e abrace o novo com coragem. Renovar-se será um ato de sabedoria.

Previsões para Câncer em 2026

Este será um ciclo de realizações e de afirmação pessoal para os cancerianos. Depois de tantas fases de recolhimento e reflexão, 2026 chega com uma energia mais ativa e voltada para conquistas concretas. Será o momento de assumir seu lugar no mundo com mais segurança, celebrar vitórias e desenvolver sua autoconfiança. Você poderá sentir que chegou onde precisava estar — e que agora é hora de expandir ainda mais seus horizontes.

Amor: Na vida amorosa, há promessas de plenitude e equilíbrio emocional. Quem vive um relacionamento sentirá mais estabilidade, sintonia e sensação de realização. O vínculo tende a se fortalecer com maturidade, trocas genuínas e planos conjuntos. Para os solteiros, este será um ano de encontros que têm tudo para se transformar em algo marcante e verdadeiro. O amor estará presente em conexões completas — que envolvem corpo, mente, coração e espírito. Um ciclo de celebração e merecimento afetivo se inicia.

Trabalho: A carreira pedirá firmeza, responsabilidade e liderança. Haverá oportunidades para assumir o controle de situações importantes, ocupar posições de maior autoridade ou consolidar um projeto próprio. Sua postura mais segura e decidida será admirada, o que pode trazer respeito e reconhecimento no ambiente profissional. Esse é o momento de mostrar sua competência, organizar prioridades e estabelecer metas claras. Atitudes firmes, coerentes e bem planejadas abrirão caminhos consistentes.

Saúde: Com energia renovada e disposição em alta, você terá boas chances de iniciar novos hábitos e mudar a relação com seu corpo de forma criativa e positiva. Será um ótimo ano para dar o primeiro passo em tratamentos, atividades físicas ou mudanças na alimentação. Pequenas atitudes diárias podem trazer efeitos transformadores. Sua mente também estará mais ativa, e isso favorece práticas que estimulam o aprendizado e a leveza emocional. Explore formas diferentes de cuidar de si com mais presença e curiosidade.

Previsões para Leão em 2026

A vida pedirá mais calma, firmeza e resiliência dos leoninos neste novo ciclo. Você poderá ser colocado diante de situações que testam sua capacidade de esperar, compreender e ceder. Mesmo que o instinto seja partir para a ação, será no silêncio e na reflexão que surgirão as respostas mais importantes. Ao final do processo, você sairá mais fortalecido, consciente e pronto para recomeçar com propósito renovado.

Amor: O campo afetivo será nutrido por sensações mais profundas e maduras. A necessidade de construir relações saudáveis e verdadeiras ficará mais evidente, e você buscará vínculos que tenham significado, confiança e entrega. Se estiver em um relacionamento, use sua sensibilidade para acolher o outro sem abrir mão de si. A superação de desafios virá da coragem de lidar com as emoções de forma aberta. Para quem está solteiro, há grandes chances de viver um romance transformador — que começa com respeito e cresce com intensidade.

Trabalho: Talvez as coisas não avancem na velocidade que você gostaria, mas isso não significa fracasso. Ao contrário: o momento exigirá uma mudança de perspectiva. Você poderá sentir que está em espera ou até em sacrifício profissional, mas essa pausa será valiosa para reorganizar objetivos e entender o que realmente deseja construir. Às vezes, é preciso dar um passo atrás para encontrar um novo rumo. Mantenha a calma e aprenda a olhar para os processos com mais paciência. O crescimento virá quando você se libertar da pressa.

Saúde: O despertar para uma nova fase de cuidado com o corpo e com a mente marcará sua jornada em 2026. Será possível se recuperar de padrões antigos, vícios e hábitos que já não servem mais. Mudanças positivas, muitas vezes motivadas por um chamado interior, farão com que você busque uma vida mais leve, saudável e conectada com seus valores. Um ciclo de renovação física e emocional se abre, favorecendo decisões conscientes e atitudes transformadoras. A vitalidade volta quando você ouve o que o corpo e o espírito estão pedindo.

Previsões para Virgem em 2026

Dúvidas, escolhas e sensibilidade à flor da pele marcam este novo ciclo para os virginianos. A razão continua sendo uma aliada, mas será preciso dar mais espaço para a intuição, os desejos e a espontaneidade. Entre caminhos que se abrem e emoções que oscilam, você será levado a se posicionar com mais liberdade, mesmo que isso exija coragem para sair da zona de conforto. O ano será um convite à leveza, mas também ao discernimento.

Amor: O coração será colocado diante de decisões importantes. Você poderá viver um momento de escolha entre continuar em uma relação, aprofundar um vínculo ou seguir um novo caminho. As dúvidas afetivas estarão mais presentes, mas servirão como sinal de que é hora de escutar os próprios sentimentos com mais atenção. Quem está em um relacionamento precisará equilibrar o diálogo com o desejo de liberdade e autenticidade. Já os solteiros poderão se encantar com mais de uma possibilidade — o que exigirá clareza para não alimentar ilusões. Siga o que ressoa com sua verdade e afinidade.

Trabalho: Este será um período de libertação profissional. Novos projetos, ideias diferentes e mudanças inesperadas poderão surgir e tirá-lo de rotinas engessadas. Será o momento ideal para ousar, empreender ou até mesmo recomeçar em outra direção. Se você estiver preso a padrões rígidos ou a um trabalho que já não faz mais sentido, 2026 poderá trazer o impulso necessário para romper com isso. Confie mais na sua criatividade e permita-se explorar caminhos que antes pareciam arriscados. Sua originalidade será sua melhor ferramenta.

Saúde: A instabilidade emocional poderá afetar o equilíbrio físico, por isso será fundamental cuidar da mente e não ignorar sinais sutis do corpo. Oscilações de humor, ansiedade ou distúrbios do sono podem surgir se você não respeitar seus limites. Procure entender as raízes emocionais por trás de certos desconfortos e busque apoio se sentir que está acumulando angústias. Atividades terapêuticas, artísticas ou ligadas ao autoconhecimento trarão clareza e alívio. Dar nome ao que sente será o primeiro passo para recuperar sua força.

Previsões para Libra em 2026

Este será um ano em que a luz volta a brilhar com mais força na vida dos librianos. O cenário muda, os ventos sopram a favor, e você se sentirá mais confiante para seguir em frente com alegria e espontaneidade. Mesmo que nem tudo aconteça de forma linear, a sensação geral será de otimismo e crescimento. Aproveite cada novo ciclo como uma chance de celebrar a vida, fazer boas escolhas e construir uma rotina mais leve e promissora.

Amor: O amor será motivo de alegria, expansão e celebração. Relacionamentos ganham mais vida, brilho e calor, com momentos de forte conexão e felicidade compartilhada. Se estiver em um compromisso, o vínculo tende a se fortalecer com experiências positivas, viagens, projetos em comum ou conquistas que elevam o casal. Para os solteiros, 2026 trará boas oportunidades afetivas — com pessoas que despertam entusiasmo, admiração e vontade de viver o agora. O amor vai brilhar quando for vivido com verdade, leveza e presença.

Trabalho: Prepare-se para mudanças inesperadas e reviravoltas positivas no campo profissional. O que parecia parado pode se movimentar rapidamente, e novas portas tendem a se abrir sem aviso. Será importante manter a mente aberta, adaptar-se com flexibilidade e aproveitar as oportunidades quando elas surgirem. Projetos que estavam estagnados podem ganhar novo fôlego. Sorte e movimento acompanham quem estiver disposto a sair da mesmice e arriscar caminhos diferentes — mesmo que isso exija deixar velhas estruturas para trás.

Saúde: Equilibrar corpo e mente será decisivo para manter o bem-estar neste ciclo. Não se trata de esforço extremo, mas sim de cultivar hábitos mais conscientes, respeitar seus limites e buscar harmonia na rotina. Momentos de relaxamento, alimentação equilibrada e contato com o próprio ritmo interno farão toda a diferença. Práticas integrativas ou terapias naturais também podem ser grandes aliadas. A moderação será sua melhor ferramenta: ao cuidar de si com constância e serenidade, você atravessará o ano com vitalidade e equilíbrio.

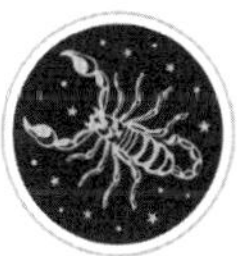

Previsões para Escorpião em 2026

Este será um período fértil e transformador para Escorpião. A vida convida a nutrir o que tem valor, dar forma ao que antes era apenas desejo e se posicionar com mais maturidade diante dos próprios caminhos. O novo ciclo traz oportunidades de renascimento, reconhecimento e estrutura, mas exige comprometimento com aquilo que realmente importa. É hora de florescer por inteiro — com verdade, responsabilidade e força criativa.

Amor: O campo afetivo será aquecido por sentimentos intensos, generosidade e vontade de construir algo duradouro. Quem está em um relacionamento poderá vivenciar uma fase mais fértil — seja no sentido literal, com planos de ampliar a família, ou no sentido simbólico, criando projetos e vínculos ainda mais profundos. Haverá mais prazer, sensualidade e envolvimento emocional. Já os solteiros terão grande poder de atração e chances de iniciar um romance com potencial para crescer com afeto e cumplicidade. O amor se nutre de presença, cuidado e expressão verdadeira.

Trabalho: O momento pede uma revisão profunda das suas escolhas profissionais. Você poderá sentir um chamado interior para mudar de direção, retomar um antigo sonho ou finalmente seguir sua verdadeira vocação. O trabalho ganha um novo significado, ligado à missão de vida e à contribuição pessoal para o mundo. Recomeços serão favorecidos, e aquilo que parecia perdido pode renascer de forma ainda mais potente. Ouça seu coração, escute os sinais e esteja aberto para decisões importantes — sua intuição será uma bússola segura.

Saúde: A estabilidade será conquistada com disciplina e senso de responsabilidade. Em 2026, seu corpo pedirá rotinas mais firmes e atitudes consistentes.

Cuidar da postura, da alimentação e da saúde óssea e muscular será especialmente importante. Evite excessos, mantenha constância nos cuidados e não negligencie nenhum sintoma. Ao adotar uma postura mais ativa e comprometida com seu bem-estar, você construirá uma base sólida para manter sua vitalidade ao longo do ano. O autocuidado, quando firme e consciente, se transforma em força.

Previsões para Sagitário em 2026

Caminhos se alinham, e o ano traz uma energia de conclusão, harmonia e sabedoria para Sagitário. Você poderá colher os frutos de jornadas passadas e iniciar uma nova fase com mais serenidade, maturidade e senso de direção. Este será um tempo de ajustes conscientes, conquistas importantes e equilíbrio nas relações. Aproveite para expandir seus horizontes sem perder o contato com aquilo que sustenta sua essência.

Amor: A vida amorosa será guiada por equilíbrio, paciência e cura. Você estará mais disposto a compreender o outro, respeitar os tempos da relação e construir um afeto mais estável e consciente. Quem está em um relacionamento passará por um momento de reconciliação e fortalecimento, com mais diálogo e acolhimento mútuo. Para os solteiros, o amor pode surgir aos poucos, em conexões que crescem com ternura e sintonia emocional. Nada de pressa: os laços que se formarem com leveza e calma terão mais chance de durar.

Trabalho: O cenário profissional será de grande realização. Você poderá finalizar ciclos com êxito, conquistar objetivos importantes e alcançar um novo patamar na carreira. Reconhecimento, expansão e abertura para novos mercados estão favorecidos, especialmente se você souber valorizar suas habilidades e colocar sua experiência a serviço do mundo. Este é um ótimo período para concluir projetos de longa data, fazer viagens profissionais ou assumir uma nova missão que represente evolução. Seu momento de brilhar chegou — e com mérito.

Saúde: Cuidar do corpo será importante, mas tão fundamental quanto isso será a atenção à mente e ao espírito. O equilíbrio virá por meio de rotinas com propósito, escolhas pautadas em sabedoria e práticas que conectem você com algo maior. Este será um ano favorável à busca por orientação terapêutica, aconselhamento ou mesmo uma prática espiritual mais sólida. Valorize o autocuidado como um gesto sagrado. A verdadeira saúde nasce da harmonia entre o saber, a escuta interior e a fé em si mesmo.

Previsões para Capricórnio em 2026

Transformações profundas, decisões conscientes e esperança renovada marcarão a jornada dos capricornianos ao longo do ano. Você terá a chance de encerrar ciclos com coragem, reavaliar o que é justo para sua trajetória e abrir espaço para um futuro mais leve e promissor. Este será um tempo de reestruturação — emocional, prática e espiritual — que trará crescimento real e duradouro.

Amor: A vida afetiva passará por um processo de encerramento e renascimento. Se algo já vinha perdendo força, o momento será propício para colocar um ponto final e liberar o que não serve mais. Embora o fim possa ser desafiador, ele abrirá espaço para experiências mais autênticas e relações mais alinhadas com seu novo momento. Quem está em um relacionamento poderá sentir a necessidade de reformular padrões ou resgatar o que ainda tem valor. Para os solteiros, o amor pode surgir depois de uma fase de luto emocional — quando o coração estiver pronto para acolher o novo com maturidade.

Trabalho: No campo profissional, o ano trará oportunidades que exigem clareza, discernimento e compromisso. Haverá boas chances de resolver pendências antigas, formalizar acordos e — para muitos — assinar contratos significativos que marcam um novo ciclo de atuação. Questões legais ou documentais poderão se destacar, exigindo atenção redobrada aos detalhes. Você será reconhecido por sua postura justa e responsável, e esse comportamento poderá abrir portas em ambientes mais estruturados. Avalie propostas com serenidade e escolha o que estiver alinhado com seus valores e metas de longo prazo.

Saúde: Depois de tempos exigentes, a saúde entra em um ciclo de cura, leveza e renovação. O corpo responderá bem a novos cuidados, e a mente encontrará mais paz à medida que você se permitir confiar no fluxo da vida. Será um bom momento para recuperar o otimismo, fortalecer a autoestima e retomar práticas que tragam prazer e bem-estar. Atividades ligadas à natureza, à criatividade ou ao espiritual serão especialmente benéficas. A esperança se tornará um remédio poderoso — e sua luz interior, uma aliada valiosa.

Previsões para Aquário em 2026

Responsabilidade, escolhas conscientes e revisões importantes estarão no centro do seu ano, aquariano. Será um período que exigirá mais comprometimento, tanto nos vínculos quanto nos projetos pessoais. A vida irá testar sua capacidade de assumir consequências, manter a palavra e agir com maturidade diante das demandas que surgirem. Um ciclo que valoriza equilíbrio, sabedoria e autocontrole.

Amor: As relações afetivas exigirão mais clareza, equilíbrio e senso de justiça. Será um ano para avaliar os vínculos com honestidade, definindo o que vale a pena manter e o que precisa ser ajustado. Quem está em um relacionamento sentirá a necessidade de construir uma troca mais justa, onde haja respeito mútuo e acordos bem definidos. Já os solteiros podem se ver diante de decisões importantes — como retomar algo do passado ou iniciar um compromisso com mais seriedade. Amor, neste ciclo, será escolha consciente, e não apenas emoção passageira.

Trabalho: No campo profissional, sua maturidade será colocada à prova — e também reconhecida. Haverá espaço para crescimento, especialmente se você estiver disposto a se alinhar com orientações, regras e estruturas bem definidas. É um excelente momento para consolidar conhecimentos, assumir um papel mais respeitado ou mesmo ocupar cargos de ensino, liderança ou aconselhamento. Sua palavra terá peso, e sua experiência será valorizada. Também será um período ideal para aprofundar estudos e ouvir conselhos de pessoas mais experientes antes de tomar decisões relevantes.

Saúde: O cuidado com o corpo e com a mente precisará ser redobrado em 2026. Hábitos excessivos ou comportamentos que desgastam seu bem-estar merecem atenção — cuidar disso a tempo fará toda a diferença. O estresse acumulado e as tensões internas podem afetar sua energia se forem negligenciados. Por isso, buscar equilíbrio emocional, desacelerar e respeitar seus limites será fundamental. Atividades que ajudem a canalizar sua força vital de forma construtiva serão muito bem-vindas. Libertar-se de tudo o que aprisiona será um ato de cura e renovação.

Previsões para Peixes em 2026

Um novo ritmo se instala, e Peixes viverá um ano de recomeços, fertilidade e sabedoria interior. O tempo se encarregará de colocar tudo no lugar certo, e você será convidado a confiar mais no fluxo da vida. O ciclo trará movimento, crescimento e momentos de recolhimento, equilibrando fases de expansão com períodos de introspecção. Quanto mais você se escutar, mais clareza terá sobre os caminhos a seguir.

Amor: No campo afetivo, a roda gira — e com ela vêm mudanças inesperadas. Novos encontros, reviravoltas e recomeços marcarão o ano, exigindo flexibilidade e confiança no que a vida oferece. Para quem está em um relacionamento, o desafio será se adaptar aos altos e baixos sem perder o centro emocional. Já os solteiros podem ser surpreendidos por conexões fora do comum, iniciadas por acaso, mas com potencial de crescimento. Nada estará fixo, e por isso será importante se abrir para as oportunidades sem tentar controlar o destino. O amor virá com leveza, e com ele, novas possibilidades de ser feliz.

Trabalho: A área profissional será um terreno fértil para ideias, criação e valorização pessoal. Projetos ganham forma, talentos são reconhecidos e há espaço para prosperar com mais prazer e autonomia. Você poderá desenvolver algo próprio ou ocupar uma posição em que seu potencial criativo e sensível seja mais acolhido. Esse também é um período favorável para quem deseja investir em algo ligado à arte, educação, bem-estar ou cuidados com os outros. Acolha o que está florescendo — e confie no seu valor.

Saúde: Seu bem-estar estará diretamente ligado à qualidade da sua vida interior. Será necessário reservar momentos de silêncio, descanso e recolhimento para manter o equilíbrio físico e emocional. Práticas solitárias e terapêuticas — como meditação, leitura, caminhadas ou retiros — ajudarão a restaurar sua energia vital. Dê atenção especial à saúde mental e espiritual, evitando ambientes caóticos ou desgastantes. Ouvir sua sabedoria interna será o caminho mais seguro para preservar sua saúde ao longo do ano.

Previsões para 2026 segundo a Numerologia

Segundo a Numerologia, o ano de 2026 será de número **1**, que tem significados associados à individualidade, a novos começos e à liderança.

O ano se inicia com a possibilidade de novas relações comerciais e afetivas, portanto, será de suma importância estarmos atentos às oportunidades. Para que os projetos frutifiquem, teremos de estar sempre no controle da situação e exercer nossa liderança.

O ano de 2026 promete ser de grandes conquistas e realizações.

☆ **JANEIRO:** Invista em seus projetos e planeje um futuro bem-sucedido. Se for o caso, uma mudança de ambiente de trabalho será bem-vinda. Cuide do seu emocional e tente vivenciar uma rotina mais saudável.

☆ **FEVEREIRO:** Tenha um pouco mais de paciência, pois nem todos os resultados são imediatos; mantenha o foco naquilo que deseja. Use sempre o meio-termo, e o sucesso em suas empreitadas estará garantido. Dedique tempo aos estudos.

☆ **MARÇO:** Eis um mês em que a sorte estará a seu favor! Seja nos negócios, nos relacionamentos ou em jogos de azar, conte com esse aspecto afortunado. Tenha cuidado apenas com novas parcerias comerciais – analise bem todas as propostas, lembrando-se de que o sucesso só ocorre onde existe esforço e determinação.

☆ **ABRIL:** Saiba lidar com os obstáculos que surgirão, mantendo uma atitude positiva em relação à posição da outra pessoa envolvida. Seja prático e analítico. Trabalhe com bastante afinco e foco, que os resultados, além de apresentarem uma grande melhora, colocarão você em posição de destaque.

☆ **MAIO:** Problemas de ordem financeira poderão aparecer neste mês. Planeje bem os gastos! Com sabedoria e uma boa administração, tudo ficará em ordem. Aproveite os dias de folga para tirar um tempo com a família e/ou com seu amado; as relações amorosas estarão favorecidas.

☆ **JUNHO:** O mês começa com muitas surpresas! Como seu carisma estará em alta, tente ousar um pouco mais, pois o sucesso de seus empreendimentos, de certa forma, dependerá disso. Seus projetos enfim irão sair do papel. Mantenha uma atitude saudável e a mente sã.

☆ **JULHO:** Sua vida financeira estará prestes a dar um grande salto. Com bastante empenho e certa dose de sorte, todos os seus planos serão realizados. É evidente que surgirão obstáculos, mas, com sobriedade e senso prático, serão solucionados do melhor modo possível.

☆ **AGOSTO:** Mantenha sua concentração e o equilíbrio para poder lidar com as objeções; devemos contar sempre com altos e baixos. Contudo, mesmo diante de possíveis dificuldades, conte com a lei universal, pois, quando nos propomos a iniciar ou manter um projeto, o universo sempre colabora conosco. Agradeça todos os dias!

☆ **SETEMBRO:** Dedique um pouco de tempo à sua saúde. Evite o estresse; ele é responsável por decisões insensatas. Mantenha a tranquilidade, sabendo que tudo nesta vida é passageiro. Conte com antigos parceiros para ajudar nas soluções dos problemas.

☆ **OUTUBRO:** Manter o equilíbrio é uma maneira de evitar problemas. Todo e qualquer progresso, seja na vida pessoal ou profissional, depende muito de sua atitude. Sendo assim, mantenha uma rotina disciplinada e terá grandes chances de prosperar em todas as áreas de sua vida.

☆ **NOVEMBRO:** Para que o mês seja bastante próspero, evite gastar mais do que ganha. Poupe o que sobrou, pois poderão surgir problemas de saúde. É sempre bom ter uma pequena reserva nos momentos de necessidade. Conte também com novas parcerias.

☆ **DEZEMBRO:** Finalize o ano de 2026 com muita comemoração! Seus projetos deram uma guinada, os relacionamentos estão confortáveis. Sua perspectiva de que fez o melhor que podia lhe dará mais ânimo e sabedoria. Tire um tempo para você e sua família; aproveite as festas, mas seja comedido.

Fenômenos Naturais 2026

COMEÇO DAS ESTAÇÕES

	Estações	Data do início	Horário
	Outono	20/03	11h47
	Inverno	20/06	5h26
	Primavera	22/09	21h06
	Verão	21/12	17h51

ECLIPSES

Data	Hora	Astro	Tipo	Grau	Magnitude
17/02	9h02	Sol	Anular	28°50’ de Aquário	2’20’
3/03	8h39	Lua	Total	12°54’ de Virgem	1.151
12/08	14h38	Sol	Total	20°02’ de Leão	2’18”

FASES DA LUA 2026

Janeiro				Fevereiro			
Dia	**Fase**	**Horário**	**Grau**	**Dia**	**Fase**	**Horário**	**Grau**
3	Cheia	7h04	13º02 de Câncer	1º	Cheia	19h10	13º04' de Leão
10	Minguante	12h50	20º25' de Libra	9	Minguante	9h44	20º46'de Escorpião
18	Nova	16h53	28º44 de Capricórnio	17	Nova	9h02	28º30' de Aquário
26	Crescente	1h49	6º14' de Touro	24	Crescente	9h29	5º54' de Gêmeos
Março				**Abril**			
Dia	**Fase**	**Horário**	**Grau**	**Dia**	**Fase**	**Horário**	**Grau**
3	Cheia	8h39	12º54' de Virgem	1º	Cheia	23h13	12º21' de Libra
11	Minguante	6h40	20º49' de Sagitário	10	Minguante	1h53	20º20' de Capricórnio
18	Nova	22h25	28º27' de Peixes	17	Nova	8h53	27º29' de Áries
25	Crescente	16h19	5º09' de Câncer	23	Crescente	23h33	3º56' de Leão
Maio				**Junho**			
Dia	**Fase**	**Horário**	**Grau**	**Dia**	**Fase**	**Horário**	**Grau**
1º	Cheia	14h24	11º21' de Escorpião	8	Minguante	7h02	17º38' de Peixes
9	Minguante	18h12	19º15' de Aquário	14	Nova	23h55	24º03' de Gêmeos
16	Nova	17h02	25º58' de Touro	21	Crescente	18h57	0º32 de Libra
23	Crescente	8h12	2º21' de Virgem	29	Cheia	20h58	8º15' de Capricórnio
31	Cheia	5h46	9º56' de Sagitário				
Julho				**Agosto**			
Dia	**Fase**	**Horário**	**Grau**	**Dia**	**Fase**	**Horário**	**Grau**
7	Minguante	16h30	15º42' de Áries	5	Minguante	23h23	13º40' de Touro
14	Nova	6h15	21º59' de Câncer	12	Nova	14h38	20º02' de Leão
21	Crescente	8h07	28º43' de Libra	19	Crescente	23h47	27º08' de Escorpião
29	Cheia	11h37	6º30' de Aquário	28	Cheia	1h20	4º54' de Peixes
Setembro				**Outubro**			
Dia	**Fase**	**Horário**	**Grau**	**Dia**	**Fase**	**Horário**	**Grau**
4	Minguante	4h52	11º49' de Gêmeos	3	Minguante	10h26	10º21' de Câncer
11	Nova	0h28	18º26' de Virgem	10	Nova	12h51	17º22' de Libra
18	Crescente	17h45	25º57' de Sagitário	18	Crescente	13h11	25º18' de Capricórnio
26	Cheia	13h50	3º37' de Áries	26	Cheia	1h13	2º46' de Touro
Novembro				**Dezembro**			
Dia	**Fase**	**Horário**	**Grau**	**Dia**	**Fase**	**Horário**	**Grau**
1º	Minguante	17h30	9º26' de Leão	1º	Minguante	3h10	9º03' de Virgem
9	Nova	4h03	16º53' de Escorpião	8	Nova	21h53	16º57' de Sagitário
17	Crescente	8h49	25º08' de Aquário	17	Crescente	2h44	25º17' de Peixes
24	Cheia	11h55	2º20' de Gêmeos	23	Cheia	22h29	2º14' de Câncer
				30	Minguante	16h01	9º05' de Libra

Calendário Permanente (1901 – 2092)

Tabela A – Anos							
1901-2000				2001-2092			
	25	53	81		09	37	65
	26	54	82		10	38	66
	27	55	83		11	39	67
	28	56	84		12	40	68
01	29	57	85		13	41	69
02	30	58	86		14	42	70
03	31	59	87		15	43	71
04	32	60	88		16	44	72
05	33	61	89		17	45	73
06	34	62	90		18	46	74
07	35	63	91		19	47	75
08	36	64	92		20	48	76
09	37	65	93		21	49	77
10	38	66	94		22	50	78
11	39	67	95		23	51	79
12	40	68	96		24	52	80
13	41	69	97		25	53	81
14	42	70	98		26	54	82
15	43	71	99		27	55	83
16	44	72	00		28	56	84
17	45	73		01	29	57	85
18	46	74		02	30	58	86
19	47	75		03	31	59	87
20	48	76		04	32	60	88
21	49	77		05	33	61	89
22	50	78		06	34	62	90
23	51	79		07	35	63	91
24	52	80		08	36	64	92

Tabela B – Meses											
J	F	M	A	M	J	J	A	S	O	N	D
4	0	0	3	5	1	3	6	2	4	0	2
5	1	1	4	6	2	4	0	3	5	1	3
6	2	2	5	0	3	5	1	4	6	2	4
0	3	4	0	2	5	0	3	6	1	4	6
2	5	5	1	3	6	1	4	0	2	5	0
3	6	6	2	4	0	2	5	1	3	6	1
4	0	0	3	5	1	3	6	2	4	0	2
5	1	2	5	0	3	5	1	4	6	2	4
0	3	3	6	1	4	6	2	5	0	3	5
1	4	4	0	2	5	0	3	6	1	4	6
2	5	5	1	3	6	1	4	0	2	5	0
3	6	0	3	5	1	3	6	2	4	0	2
5	1	1	4	6	2	4	0	3	5	1	3
6	2	2	5	0	3	5	1	4	6	2	4
0	3	3	6	1	4	6	2	5	0	3	5
1	4	5	1	3	6	1	4	0	2	5	0
3	6	6	2	4	0	2	5	1	3	6	1
4	0	0	3	5	1	3	6	2	4	0	2
5	1	1	4	6	2	4	0	3	5	1	3
6	2	3	6	1	4	6	2	5	0	3	5
1	4	4	0	2	5	0	3	6	1	4	6
2	5	5	1	3	6	1	4	0	2	5	0
3	6	6	2	4	0	2	5	1	3	6	1
4	0	1	4	6	2	4	0	3	5	1	3
6	2	2	5	0	3	5	1	4	6	2	4
0	3	3	6	1	4	6	2	5	0	3	5
1	4	4	0	2	5	0	3	6	1	4	6
2	5	6	2	4	0	2	5	1	3	6	1

Tabela C – Dias da Semana						
D	1	8	15	22	29	36
S	2	9	16	23	30	37
T	3	10	17	24	31	
Q	4	11	18	25	32	
Q	5	12	19	26	33	
S	6	13	20	27	34	
S	7	14	21	28	35	

Exemplo

É muito simples usar o calendário permanente. Vamos tomar como exemplo o dia 1º de janeiro do ano de 2025, para saber em que dia da semana começará a segunda década do século XXI.

Procure na Tabela A os últimos dois dígitos do ano 2025 (neste caso, 25) e siga essa mesma linha à direita, parando no mês de janeiro na Tabela B. (Os meses nessa tabela são indicados apenas pela primeira letra.) Ao número encontrado (neste caso, 3), adicione o número do dia em questão (1) e terá o resultado 4. Verifique na Tabela C (ao lado) em que dia da semana cai o número 4. É uma quarta-feira (indicado, na Tabela C, pela letra Q).